STEFAN KINZEL

# Zur Antinomie der Strafzwecke

Schriften zum Strafrecht

Band 423

# Zur Antinomie der Strafzwecke

Ein Beitrag zur Dogmatik des Strafzumessungsrechts

Von

Stefan Kinzel

Duncker & Humblot · Berlin

Die Rechtswissenschaftliche Fakultät
der Christian-Albrechts-Universität zu Kiel hat diese Arbeit
im Jahre 2023 als Dissertation angenommen.


Bibliografische Information der Deutschen Nationalbibliothek

Die Deutsche Nationalbibliothek verzeichnet diese Publikation in
der Deutschen Nationalbibliografie; detaillierte bibliografische Daten
sind im Internet über http://dnb.d-nb.de abrufbar.

ISSN 0558-9126
ISBN 978-3-428-19100-0 (Print)
ISBN 978-3-428-59100-8 (E-Book)

Gedruckt auf alterungsbeständigem (säurefreiem) Papier
entsprechend ISO 9706 ♾

Internet: http://www.duncker-humblot.de

*Für meine Eltern*

# Vorwort

Diese Arbeit wurde im Oktober 2022 vom Promotionsausschuss der Christian-Albrechts-Universität zu Kiel als Dissertation angenommen. Die mündliche Prüfung fand am 09. März 2023 statt. Rechtsprechung und Literatur wurden bis zum Mai 2022 berücksichtigt.

Mein besonderer Dank gilt meinem Doktorvater Prof. Dr. Andreas Hoyer, der schon während des Studiums mein Interesse für das Strafrecht und im Speziellen für das Sanktionenrecht weckte und dessen aufmerksame Betreuung und verlässliche Unterstützung diese Arbeit überhaupt erst möglich gemacht haben.

Über die Anfertigung des Zweitgutachtens hinaus gebührt Prof. Dr. Janique Brüning mein Dank für wertvolle Anregungen, die Eingang in diese Arbeit gefunden haben.

Laura Juhl gebührt ebenso besonderer Dank. Sie hat die Anfertigung der Arbeit begleitet und mir Rückhalt gegeben.

Ich widme diese Arbeit meinen Eltern, Ulrich Martin Kinzel und Christiane Damlos-Kinzel, die mein Interesse an der Wissenschaft geweckt und mich bedingungslos in jeglicher Hinsicht gefördert haben. Ihre Ratschläge und ihr Vertrauen in mich haben den Weg zu dieser Arbeit geebnet. Ich danke ihnen von ganzem Herzen.

Kiel, im Dezember 2023                                                    *Stefan Kinzel*

# Inhaltsverzeichnis

# A. Einführung in den Untersuchungsgegenstand

## I. Einleitung

Die Fragen, wie Bestrafung gegenüber einem Delinquenten legitimiert werden kann, welche Strafen illegitim sind und an welchen obersten Prinzipien sich die Bestrafung zu orientieren hat, formulieren große Problemstellungen im Rahmen der Strafphilosophie. Sie werden zu einem juristischen Problem im Rahmen der Strafzumessung, weil die heute in Deutschland vorherrschende Vereinigungstheorie[1] die Strafe nur kumulativ durch präventive sowie tatschuldbezogene Erwägungen zu legitimieren vermag. Auf Grund der essentiellen Divergenz präventiver sowie tatschuldbezogener Gesichtspunkte kommt es bei der Strafzumessung zu dem Problem der *Antinomie der Strafzwecke*[2], da Fälle denkbar sind, in welchen präventive und tatschuldbezogene Gesichtspunkte sich widersprechende strafzumessungsrechtliche Entscheidungen präjudizieren. Insofern kann gegenüber der Strafzumessungsdogmatik der Vorwurf mangelnder Rationalität erhoben werden, wenn keine Regel ersichtlich ist, nach welcher dem einen oder anderen Präjudiz verbindlich zu folgen ist, so dass eine Entscheidung für oder gegen den Vorrang eines Strafzwecks nicht zwingend nachvollzogen werden kann.

Die richterliche Strafzumessung ist in zweifacher Hinsicht dreigliedrig. Zum einen vollzieht sich ihr Vorgang in drei aufeinanderfolgenden Phasen: Strafrahmenwahl, Strafhöhenbemessung und Strafzumessung im weiteren Sinne (§§ 47–60 StGB). Zum anderen liegen ihr nach dem BVerfG[3] drei Strafzwecke zu Grunde, nämlich Tatschuldausgleich, Spezialprävention und Generalprävention. Da davon auszugehen ist, dass sich in jeder der drei Phasen der richterlichen Strafzumessung Antinomiefälle ergeben können, soll auf jeder der drei Ebenen der Vorrang eines Strafzwecks im Antinomiefall definiert werden, das heißt, Tatschuldausgleich, Spezialprävention und Generalprävention sind in eine Rangfolge zu ordnen, die mit der gesetzlichen Konzeption vereinbar ist, um so zur Rationalität im Strafzumessungsvorgang beizutragen.

Auf Ebene der Strafrahmenwahl ist eine solche Betrachtung bisher absent, die praktizierte Gesamtbetrachtung[4] regelt den Vorrang eines Strafzwecks m. E. nicht,

---

[1] *Hoyer*, Strafrecht AT I (1996), S. 7.

[2] I. F. auch als „Antinomiefälle" bezeichnet; s. a. *Bruns/Güntge*, Strafzumessung (2019), S. 92; *Köhler*, Strafzumessung (1983).

[3] BVerfGE 45, 187 (253).

[4] S. Kap. B., I.

sondern überlässt es dem Gericht, im Einzelfall über den Vorrang eines Strafzwecks und damit über die Anwendung eines Sonderstrafrahmens zu entscheiden, sodass eine Vorrangdefinition hier insbesondere von Nöten ist.

Auf Ebene der Strafhöhenbemessung ist es Aufgabe der sog. Strafzumessungstheorien, Aussagen über das Verhältnis der Strafzwecke zu treffen. Die heute
praktizierte *Spielraumtheorie*[5] will Aspekte der Spezial- und Generalprävention
innerhalb einer schuldangemessenen Strecke berücksichtigen, ohne das Verhältnis beider Präventionsaspekte zueinander auf dieser Strecke zu bestimmen. Deshalb erheben neuere Monographien[6] den Vorwurf einer mangelnden Rationalität[7]
und fordern in der Folge, die Strafhöhenbemessung allein vom verschuldeten Unrecht abhängig zu machen. Eine solche *einspurige* Lösung ist mit der Anordnung
des § 46 Abs. 1 StGB allerdings unvereinbar, welche die Berücksichtigung mehrerer Strafzwecke vorschreibt.[8] Auf dieser Ebene ist es deshalb Ziel der Arbeit,
ein Verhältnis der Strafzwecke zu bestimmen, welches eine einspurige Strafhöhenbemessung erlaubt,[9] zugleich aber der Grundlagenformel gerecht wird. Dafür
soll ausgehend vom Tatschuldausgleich untersucht werden, ob die Schuld aus
präventiven Erwägungen über- oder unterschritten werden darf. Danach soll das
Verhältnis der Präventionszwecke innerhalb des Schuldrahmens zueinander analysiert und eine entsprechende Vorrangdefinition geleistet werden, bevor die Lösung auf die gesetzgeberische Konzeption zurückgeführt wird.

Auch auf Ebene der Strafzumessung im weiteren Sinne (§§ 47–60)[10] wird untersucht, ob der Tatschuldausgleich in der Lage ist, eine präventiv indizierte Entscheidung zu torpedieren.

Die Gliederung der Arbeit orientiert sich an den drei Phasen der Strafzumessung.

---

[5] BGHSt 7, 28.

[6] *Hörnle*, Tatproportionale Strafzumessung (1999); *Hart-Hönig*, Gerechte und zweckmäßige Strafzumessung (1992).

[7] Doppelspurige Strafhöhenbemessung erhebe „die Inkonsequenz zum Prinzip", *Bockelmann*, Niederschr. Band XII, S. 53; das Gericht, welches alle Präventionszwecke
würdigen will, „muss sich angesichts der Gegenläufigkeit der verschiedenen Argumentationsrichtlinien dauernd in Widersprüche verwickeln". *Horn/Wolters*, in: SK-StGB,
§ 46 Rn. 32; *Köhler*, Strafzumessung (1983), S. 16.

[8] *Roxin*, FS-Bruns (1978), S. 183 (186 f.).

[9] Bereits *Nagler*, Die Strafe (1918), S. 635: „Es bleibt nur die Wahl, dem einen oder
anderen Grundgedanken die Vorrangstellung einzuräumen. Da dies nicht von Fall zu
Fall nach Belieben geschehen darf, so drängt die praktische Anwendung zur endgülti-
gen Klärung des Verhältnisses zwischen den konkurrierenden Grundsätzen."

[10] I. F. auch „Strafzumessung i. w. S.".

## II. Die Trigonometrie der Strafzwecke

Für die Untersuchung ist es zunächst von Nöten, die für das Strafzumessungsrecht relevanten Strafzwecke darzustellen.

### 1. Die Strafzumessungsschuld

Nach § 46 Abs. 1 S. 1 StGB ist die „Schuld" Grundlage für die Strafzumessung. Gemeint ist nicht die Strafbegründungsschuld aus dem allgemeinen Deliktsaufbau, sondern allein die davon zu unterscheidende Strafzumessungsschuld. Die Strafbegründungsschuld hat die *Vorwerfbarkeit* zum Wesen, die Frage danach, ob der Delinquent sich hätte anders verhalten und damit das tatbestandsmäßige Unrecht hätte verhindern können;[11] die Strafzumessungsschuld dagegen erfasst das *Maß an Vorwerfbarkeit* bei der Verwirklichung des tatbestandsmäßigen Unrechts.[12] Aus der Staffelung der gesetzlichen Strafrahmen des besonderen Teils des Strafgesetzbuchs ergibt sich,[13] dass die Strafzumessungsschuld aus zwei Elementen besteht: dem Handlungs- und dem Erfolgsunrecht.[14] Beide Elemente dürfen nicht unabhängig voneinander betrachtet werden; die Handlungs- darf gegenüber der Erfolgskomponente nicht überbewertet werden und anders herum.[15]

### 2. Spezialprävention

„Der Zweck der Strafe kann [...] kein anderer als der sein, den Schuldigen daran zu hindern, seinen Mitbürgern abermals Schaden zuzufügen [...]."[16] So beschreibt Beccaria 1766 das Wesen der Spezialprävention: Der Täter soll durch die Bestrafung – also durch die Erfahrung der aus der Strafvollstreckung folgenden Konsequenzen – von der Begehung weiterer Straftaten abgehalten werden.[17]

---

[11] *Schäfer/Sander/Van Gemmeren*, Strafzumessung (2017), Rn. 574.

[12] *Schäfer/Sander/Van Gemmeren*, Strafzumessung (2017), Rn. 574; erstmals *Achenbach*, Schuldlehre (1974), S. 4, der die Strafzumessungsschuld als „Anknüpfungstatbestand für die richterliche Strafzumessung", verstanden als „Inbegriff der Momente, die für die Strafhöhe im konkreten Fall von Bedeutung sind", definiert.

[13] *Zipf/Dölling*, in: Maurach/Gössel/Zipf, Strafrecht AT (2014), § 63 Rn. 20; s. a. Kap. B., II., 4.

[14] BGH NStZ 1986, 162; *Horn/Wolters*, in: SK-StGB, § 46 Rn. 45; *Schäfer/Sander/ Van Gemmeren*, Strafzumessung (2017), Rn. 575; *Klahr*, Schuld und Strafmaß (2022), S. 302 meint, über die Kategorie des *verschuldeten Unrechts* werde eine Diskrepanz zwischen Strafbegründungs- und Strafzumessungsschuld überwunden.

[15] *Schäfer/Sander/Van Gemmeren*, Strafzumessung (2017), Rn. 578.

[16] *Beccaria*, Über Verbrechen und Strafen (1766), S. 84.

[17] *Meier*, Sanktionen (2015), S. 24.

### a) Positive Spezialprävention

Die Theorie positiver Spezialprävention zielt auf die *Resozialisierung* des Täters durch Heilung, Besserung oder Erziehung im Rahmen der Bestrafung ab.[18] Sie ist verfassungsrechtlich verankert; das BVerfG[19] leitet aus Art. 2 Abs. 1 i.V.m. Art. 1 Abs. 1 GG sowie aus dem Sozialstaatsprinzip (Art. 20 Abs. 1 GG) die Verpflichtung des Staates ab, die Resozialisierung des Täters zu fördern. Dabei erstreckt sich dieses Gebot auf alle drei Staatsgewalten und der Delinquent hat einen Anspruch auf Erfüllung dieses Gebots.[20]

### b) (Negativ-)Positive Spezialprävention

Unter Umkehrung der Vorzeichen der positiven Spezialprävention geht eine neuere Position[21] unter Verweis auf den repressiven Charakter der Freiheitsstrafe davon aus, dass diese prinzipiell kriminogen wirkt,[22] weshalb der Staat nicht die Pflicht habe zu bessern, sondern in der Pflicht sei, der mit dem Strafvollzug einhergehenden *Entsozialisierung* des Täters so weit wie möglich *entgegenzuwirken*.[23]

### c) Negative Spezialprävention

Ein anderer negativer Aspekt der Spezialprävention besteht darin, den Delinquenten durch die Bestrafung vor erneuter Tatbegehung *abzuschrecken*.[24] Neben der Abschreckung soll die (Freiheits-)Strafe dem Zweck dienen, die Gesellschaft vor dem Täter durch dessen Freiheitsentzug zu schützen; der Täter soll mittels Inhaftierung *gesichert* werden.[25]

---

[18] *Bruns*, Strafzumessungsrecht (1974), S. 197; *v. Liszt*, Der Zweckgedanke im Strafrecht, ZStW 3 (1883), S. 1 (40 f.).

[19] BVerfGE 35, 202 (235 f.).

[20] BVerfGE 98, 169 (200).

[21] Die Abkehr von der Behandlungsideologie wird auch als „Neoklassizismus" bezeichnet, vgl. *Weigend*, ZStW 94 (1982), 801 (802) m.w.N.

[22] Kap. C., II., 1., b), bb).

[23] „Der Staat hat es [...] zu garantieren, daß schädlichen Folgen einer aus anderen Gründen offenbar notwendigen Strafe so weit wie möglich kompensatorisch entgegengewirkt wird", so *Albrecht*, ZStW 97 (1985), S. 831 (858); *Schünemann*, Die Funktion des Schuldprinzips im Präventionsstrafrecht (1984), S. 173 Fn. 37; *ders.*, Plädoyer für eine neue Theorie der Strafzumessung (1987), S. 209 (217); s.a. *Greco*, Feuerbach (2009), S. 447 f.

[24] *v. Liszt*, Der Zweckgedanke im Strafrecht, ZStW 3 (1883), S. 1 (41 f.); *Bruns*, Strafzumessungsrecht (1974), S. 197; *Roxin/Greco*, AT § 3 Rn. 12.

[25] *v. Liszt*, Der Zweckgedanke im Strafrecht, ZStW 3 (1883), S. 1 (39 f.).

### 3. Generalprävention

Auch die Theorie der Generalprävention sieht den Zweck der Strafe in der Vorbeugung gegenüber Delinquenz: Der Täter wird bestraft, um auf die Allgemeinheit einzuwirken.

#### a) Negative Generalprävention

„Strafen [...] sollen schrecken."[26] Darin erblickt Feuerbach den Sinn des Strafens, er beschreibt seine Theorie des psychologischen Zwangs wie folgt:

> „Alle Uebertretungen haben ihren psychologischen Entstehungsgrund in der Sinnlichkeit, inwiefern das Begehrungsvermögen des Menschen durch die Lust an oder aus der Handlung zur Begehung derselben angetrieben wird. Dieser sinnliche Antrieb kann dadurch aufgehoben werden, dass Jeder weiss, auf seine That werde unausbleiblich ein Uebel folgen, welches grösser ist, als die Unlust, die aus dem nicht befriedigten Antrieb zur That entspringt."[27]

Die Theorie negativer Generalprävention sieht den Sinn der Strafe demnach darin, durch die Bestrafung eines Delinquenten *Dritte* von der Begehung weiterer Straftaten abzuschrecken.

#### b) Positive Generalprävention

In positiver Hinsicht bezweckt die Generalprävention die Erhaltung und Stärkung des Vertrauens der Allgemeinheit in die Bestands- und Durchsetzungskraft der Rechtsordnung, indem durch die Bestrafung die Unverbrüchlichkeit der Rechtsordnung vor der Rechtsgemeinschaft aufgezeigt wird.[28]

Hierbei ist zwischen drei divergierenden Effekten zu differenzieren: Zunächst erhofft man sich einen *Lerneffekt*, indem strafbares Verhalten „allgemein als nicht diskutable Verhaltensalternative gelernt" wird („Einübung in Rechtstreue").[29] Daneben soll sich durch die Demonstrierung der Durchsetzung des Rechts bei der Bevölkerung ein *Vertrauen* in die Richtigkeit der Norm einstellen.[30] Letztlich soll ein *Befriedungseffekt* eintreten, wenn das allgemeine Rechtsbewusstsein sich auf Grund der Sanktion über den Rechtsbruch beruhigt und den Konflikt mit dem Täter als erledigt ansieht.[31]

---

[26] *Feuerbach*, Bibliographischer Nachlass (1853), S. 213.
[27] *Feuerbach*, Lehrbuch des gemeinen in Deutschland geltenden peinlichen Rechts (1801), § 13.
[28] *Roxin/Greco*, Strafrecht AT I (2020), § 3 Rn. 26.
[29] *Jakobs*, Schuld und Prävention (1976), S. 10.
[30] *Jakobs*, Schuld und Prävention (1976), S. 32 f.
[31] *Roxin/Greco*, Strafrecht AT I (2020), § 3 Rn. 27.

### III. Die Trigonometrie des Strafzumessungsvorgangs

Steht die Schuld des Täters fest, so trifft das Gericht die strafzumessungsrechtliche Entscheidung in drei logisch aufeinanderfolgenden Schritten: Zunächst wählt der Richter den anzuwendenden *Strafrahmen*. Danach beginnt er, die Strafe der Höhe nach innerhalb des Strafrahmens festzusetzen (§ 46 StGB). Auf die Entscheidung über die Höhe der Strafe folgt die Entscheidung über die Anwendung der §§ 47–60 StGB und damit über die konkrete Ausgestaltung der Strafe, der sogenannten Strafzumessung im weiteren Sinne.

### IV. Antinomiefälle

In jeder Phase der Strafzumessung können variierende Strafzwecke divergierende Forderungen an die zu treffende Entscheidung stellen, indem der eine Strafzweck fordert, was der andere verbietet.[32]

Auf Ebene der Strafrahmenwahl sind demnach folgende Antinomien denkbar: General- und Spezialprävention indizieren die Anwendung eines gegenüber dem von der Schuld geforderten schärferen Strafrahmens. Andersherum kann die Spezialprävention auch die Verhängung eines relativ zur Schuld milderen Strafrahmens verlangen. In dieser Phase der Strafzumessung gilt es demnach zu untersuchen, ob präventive Erwägungen Einfluss auf die Strafrahmenwahl nehmen dürfen.[33]

Zur theoretischen Verdeutlichung des Problems auf Ebene der Strafhöhenbemessung hat Bruns[34] den Beispielsfall gebildet, in welchem „die Sühne der Schuld zwei Jahre, die Besserung des Täters drei Jahre und die Allgemeinabschreckung vier oder fünf Jahre Freiheitsstrafe erfordern" würde. Es ist beanstandet worden, dass dieses Beispiel an der Praxis vorbeigehe, weil insbesondere die präventiven Strafzwecke keine exakte Forderung an das Strafmaß stellen könnten.[35] Dem ist – wie noch zu zeigen sein wird[36] – zuzustimmen, allerdings bedarf es keiner exakten Strafmaßforderungen der Prävention, um das Problem abstrakt zu schematisieren: Das von der Schuld präjudizierte Strafmaß bleibt hinter der Forderung der Generalprävention und jener der Spezialprävention zurück, sodass fraglich ist, ob die schuldangemessene Strafe auf Grund präventiver Erwägungen überschritten werden darf (Schuldüberschreitung). Umgekehrt kann das von der Schuld geforderte Strafmaß über der zur Resozialisierung notwendigen Dauer liegen und den Delinquenten durch die Länge in die Gefahr der Entsozia-

---

[32] *Bruns/Güntge*, Strafzumessung (2019), S. 91 f.
[33] S. Kap. B., II.
[34] *Bruns*, Strafzumessungsrecht (1974), S. 217.
[35] *Frisch*, ZStW 99 (1987), S. 349 (364).
[36] S. Kap. C., I., 2., a), bb); Kap. C., I., 2., b), aa), (4).

lisierung bringen, weshalb zu fragen ist, ob auf Grund spezialpräventiver Erwägungen hinter dem schuldangemessenen Strafmaß zurückgeblieben werden kann (Schuldunterschreitung). Und auch bei Hinwegdenken der Schuld stellt sich die Frage nach dem Vorrang der Präventionszwecke untereinander, wenn die (negativ-)positive Spezialprävention eine milde Strafe fordert, während negativ spezial- oder generalpräventive Erwägungen die Verhängung einer weit höheren Strafe verlangen.[37]

Auch bei den §§ 47–60 StGB ergeben sich Strafzweckantinomien. Hier ist im Gegensatz zur Grundlagenformel das Verhältnis der Strafzwecke meist bereits durch das Gesetz gelöst worden. Dennoch ist im Rahmen der einzelnen Vorschriften zu untersuchen, welche Strafzwecke eine ihnen entsprechende Entscheidung begründen bzw. eine ihnen widersprechende Entscheidung verhindern können.[38]

# V. Antworten der Strafzumessungstheorien auf die Strafzweckantinomie

Die Lösung der geschilderten Antinomiefälle bei der Strafzumessung ist die Aufgabe der *Strafzumessungstheorien*.

Diese werden im Folgenden kurz dargestellt.

## 1. Additive Vereinigungstheorie

Evident unrichtig ist es zunächst, Schuldausgleich und präventive Zwecke gleichrangig nebeneinanderzustellen, ohne ihr Verhältnis untereinander zu regeln, wie es bei einer bloßen Summierung der Strafzwecke der Fall wäre. Wenn die Strafzwecke gleichrangig sein sollen, so folgt daraus, dass es dem Rechtsanwender im Antinomiefall verboten wäre, dem Präjudiz eines Strafzwecks zu folgen, also einem Strafzweck den *Vor*rang einzuräumen.[39] Es verbleibt deshalb lediglich die Möglichkeit, Gleichrangigkeit durch einen Kompromiss auf halber Strecke zu erreichen. Allerdings fordern die Strafzwecke im Antinomiefall eine konkrete Strafgröße und schließen jede andere Strafzumessung aus. Durch eine mittels „Kompromisslösung" hergestellte Strafe wird Gleichrangigkeit nur um den Preis erzielt, dass die Forderung keines Strafzwecks erfüllt wird, was im Ergebnis nicht akzeptabel ist.

---

[37] S. Kap. C., II.

[38] S. Kap. D.

[39] *Heinitz*, ZStW 70 (1953), S. 1 (3); *Gallas*, Kriminalpolitik und Strafrechtssystematik (1931), S. 13; *Nagler*, Die Strafe (1918), S. 635; *Bruns*, Strafzumessungsrecht (1974), S. 217; *ders.*, FS-Dreher, S. 251 (252).

## 2. Differenzierung nach Deliktsgruppen

Lange[40] zufolge bestimmt sich die unterschiedliche Akzentuierung der Strafzwecke bei der Strafzumessung nach den einzelnen Deliktsgruppen, d. h. gemäß dem durch den erfüllten Tatbestand geschützten Rechtsgut. So sei für Hoch- und Landesverrat primär die General-, für Diebstahl die Spezialprävention vorrangig zu beachten, während bei Mord und Totschlag der Schuld-Sühne-Aspekt in den Vordergrund trete.

Doch Lange begründet nicht, nach welchen Kriterien die Deliktsgruppen einzuteilen sind. Eine solche Einteilung kann nur auf Grundlage kriminalpolitischer Zwecksetzungen vorgenommen werden, die Handwerkszeug des Gesetzgebers und nicht des Richters sind. Der Gesetzgeber hat aber eine solche Einteilung nicht vorgenommen,[41] sodass der Richter nicht nach Belieben einer bestimmten Deliktskategorie einen beliebigen Strafzweck vorrangig zu Grunde legen darf. Der Gesetzgeber hat sich eines anderen Systems bedient: § 46 StGB.

## 3. Stellenwerttheorie/Tatproportionalität

Sowohl nach der *Stellenwerttheorie*[42] als auch nach der Theorie der *Tatproportionalität*[43] sind präventive Erwägungen bei der Strafhöhenbemessung irrelevant.

Nach der Stellenwerttheorie bestimmt sich die Höhe der Strafe allein nach dem Gewicht des verschuldeten Unrechts.[44] Präventive Erwägungen haben bei der Strafhöhenbemessung nach dieser Theorie auszuscheiden, da der Richter erst dann wisse, in welchem Maß präventive Erwägungen bei der Strafhöhenbemessung zu berücksichtigen seien, wenn ihm klar sei, mit welcher Strafart der Delinquent belegt werde.[45] Die Wahl der Strafhöhe geht der Wahl der Strafart logisch vor.

---

[40] *Lange*, Strafgesetzbuch (1961), S. 64; s. a. *Sauer*, Kriminalitätssoziologie (1933).

[41] Eine solche müsste die Grundsätze der Strafzumessung (§ 46 StGB) von den Deliktsgruppen abhängig machen.

[42] Erstmals *Henkel*, Die „richtige" Strafe (1969), S. 19 f.; „Der gesetzlichen Strafandrohung wäre dann der Zweck der Generalprävention als Abschreckung [...] der Allgemeinheit zuzuordnen, der richterlichen Strafzumessung der Sühne-(Wiedergutmachungs-)zweck, dem Strafvollzug der Spezialpräventionszweck in seinen verschiedenartigen Spielarten, insbesondere der Resozialisierungstendenz."; *Horn*, FS-Bruns (1978), S. 166; *Horn/Wolters*, in: SK-StGB, § 46 Rn. 33 ff. m. w. N.

[43] *Hörnle*, Tatproportionale Strafzumessung (1999); s. a. *Giannoulis*, Studien zur Strafzumessung (2014).

[44] *Horn/Wolters*, in: SK-StGB, § 46 Rn. 34.

[45] *Horn*, FS-Schaffstein (1975), S. 241 (242 f.).

Nach der Theorie der tatproportionalen Strafzumessung richtet sich die Höhe der Strafe allein nach der Schwere der Tat und insbesondere nach dem konkreten Erfolgsunrecht.[46] Präventive Erwägungen sind nach dieser Theorie für die Bestimmung der Strafhöhe nicht zu berücksichtigen, da diese als *willkürlich* angesehen werden.[47]

Diese sogenannten *einspurigen* Lösungen lösen die Antinomie der Strafzwecke zwar auf, sind de lege lata allerdings nicht vertretbar, da § 46 Abs. 1 S. 1 StGB durch den Terminus „Grundlage" auch andere Strafzwecke berücksichtigt wissen will, was in § 46 Abs. 1 S. 2 StGB zu Gunsten der Spezialprävention noch deutlicher ausgesprochen wird.[48]

## 4. Spielraumtheorie

Die *Spielraumtheorie*[49] liegt der derzeit praktizierten Rechtsanwendung zu Grunde. Sie bezieht sich allein auf die Strafhöhenbemessung. Nach dieser Theorie ist es unmöglich, die Schuld in ein punktgenau fixiertes Strafmaß umzurechnen,[50] weshalb das Gericht zunächst einen Schuldrahmen innerhalb des Strafrahmens zu finden hat. Die Verhängung eines Strafmaßes außerhalb dieses Rahmens ist auf Grund präventiver Erwägungen nicht erlaubt. Ober- und Untergrenze der Schuld dürfen weder über- noch unterschritten werden. Innerhalb des abgesteckten Rahmens dürfen sämtliche Präventionszwecke berücksichtigt werden („Prävention im Rahmen der Repression").

Die Theorie kann allerdings nicht erklären, wie eine Antinomie der Präventionszwecke innerhalb des Schuldrahmens aufzulösen ist;[51] die Spielraumtheorie definiert innerhalb des Schuldrahmens keinen Vorrang eines Präventionszwecks. In Ermangelung einer (Vorrang-)Regel ist die Spielraumtheorie in Bezug auf die Bestimmung der Strafhöhe innerhalb des Schuldrahmens irrational bzw. unvollständig.

---

[46] *Hörnle*, Tatproportionale Strafzumessung (1999), S. 388.

[47] *Hörnle*, JZ 1999, S. 1080 ff.

[48] *Roxin*, FS-Bruns, S. 183 (186 f.); a. A. *Hörnle*, Tatproportionale Strafzumessung (1999), S. 326 ff.

[49] BGHSt 7, 28 (32); bereits *Spendel*, Strafmass (1954), S. 168 ff.

[50] *Güntge*, ZIS 2018, S. 384 (385): „Stellt man einer Gruppe von Personen einen strafrechtlichen Sachverhalt zur Verfügung und bittet um eine Prognose hinsichtlich der für angemessen und für gerecht gehaltenen Strafe, wird man niemals dieselbe Antwort erhalten. Bestenfalls [...] bekommt man einander angenäherte Werte. Aber auch diese belegen, dass es die ‚eine' Strafe nicht gibt."; s. auch die von *Streng*, FS-Müller-Dietz (2001), S. 875 (877 ff.) durchgeführte empirische Studie zur Weite des Schuldrahmens.

[51] Das Gericht, welches alle Präventionszwecke würdigen will, „muss sich angesichts der Gegenläufigkeit der verschiedenen Argumentationsrichtlinien dauernd in Widersprüche verwickeln", *Horn/Wolters*, in: SKStGB § 46 Rn. 32.

## 5. Lackner/Frisch/Roxin

Lackner[52] und Frisch[53] gehen im Anschluss an Roxin[54] davon aus, dass die schuldangemessene Strafe unterschritten werden darf, um eine drohende Entsozialisierung des Täters zu vermeiden, sofern nicht ein positiv generalpräventives Minimum im Sinne der „Verteidigung der Rechtsordnung" die Verhängung der schuldangemessenen Strafe verlange. Die Autoren berufen sich sowohl auf den Wortlaut des § 46 Abs. 1 S. 2 StGB als auch auf den in den Regelungen zur Geld- und Bewährungsstrafe hervortretenden grundsätzlichen Vorrang (negativ-) positiver Spezialprävention. Die Tatschuld habe nur limitierende Funktion, sorge dafür, dass die schuldangemessene Strafe nicht überschritten werden dürfe. Die Erörterung dieser Position erfolgt an anderer Stelle.[55]

## VI. Die Vorrangdefinition eines Strafzwecks als Ziel der Untersuchung

Die soeben dargestellten Prämissen sind in Bezug auf die Lösung des Vorrangverhältnisses von Schuld und Prävention unterschiedlich und dennoch lässt sich abstrahieren, dass die Schuld im Rahmen der Strafzumessung Relevanz erlangt. Eine Theorie, welche die Schuld unberücksichtigt lassen will, steht im Widerspruch zur Grundlagenformel in § 46 Abs. 1 StGB.

Versteht man die Strafzumessungstheorien als das Feld der Theorien, die angeben, welche Vorrangverhältnisse unter den Strafzwecken bei der Strafzumessung herrschen, so mangelt es an Vollständigkeit im doppelten Sinne. Zunächst generell: Die Strafzumessung gliedert sich trigonomisch, während einige Theorien sich nur auf einzelne Bereiche des Strafzumessungsvorgangs beziehen. Sodann konsequentialistisch: Einige der Theorien behaupten diverse Strafzwecke als für die Strafzumessung relevant, ohne ihr Verhältnis untereinander zu regeln. Die Spielraumtheorie sowie die additive Vereinigungstheorie lösen die Antinomie der Präventionszwecke nicht. Im Ergebnis aber stehen diese Theorien nicht im direkten Widerspruch zum Gesetzeswortlaut.

Aus logisch-formaler Sicht sind allein die Stellenwerttheorie sowie die Theorie der Tatproportionalität und die Position von Roxin, Lackner und Frisch mittels eigener Prämissen geeignet, *auch* die Antinomie der Präventionszwecke auf Ebene der Strafzumessung im engeren Sinne zu lösen, da sie die Vorrangverhältnisse letztgültig festschreiben.

---

[52] *Lackner*, Über neue Entwicklungen in der Strafzumessungslehre (1978), 24 f.
[53] *Frisch*, ZStW 99 (1987), 349 (367).
[54] *Roxin*, FS-Schultz (1977), S. 463 (473); *Roxin/Greco*, AT § 3 Rn. 54.
[55] S. Kap. C., I., 4.

Aus den Defiziten der Strafzumessungstheorien lässt sich im Hinblick auf das Ziel der Arbeit ableiten, dass die Vorrangverhältnisse der Strafzwecke auf drei Ebenen der Strafzumessung geklärt werden müssen, um den Strafzumessungsvorgang vollständig durchzustrukturieren. Zudem muss neben dem Verhältnis von Schuld und Prävention das Verhältnis der Präventionszwecke untereinander untersucht und definiert werden.

## B. Die Strafzweckantinomie bei der Strafrahmenwahl

Das Problem der „Antinomie der Strafzwecke" wird in der Literatur klassischerweise auf Ebene der Strafzumessung im engeren Sinne diskutiert, während eine entsprechende Erörterung auf Ebene der Strafrahmenwahl bisher absent ist.

Auf Ebene der Strafrahmenwahl[1] ist von einem Antinomiefall auszugehen, wenn sich das vom Täter durch die Tat verschuldete Unrecht und präventive Erwägungen unversöhnlich gegenüberstehen. Deshalb soll hier untersucht werden, ob präventiven Erwägungen relativ zur Schuld der Vorrang gebührt.

### I. Gesamtbetrachtung

Hinsichtlich der unbenannten minder schweren Fälle[2] und der unbenannten besonders schweren Fälle[3] hat der Richter eine umfassende Gesamtwürdigung des Tatbilds, der subjektiven Momente und der Täterpersönlichkeit vorzunehmen und zu prüfen, ob diese vom Durchschnitt der erfahrungsgemäß vorkommenden Fälle in einem Maße abweichen, dass die Anwendung des Sonderstrafrahmens geboten ist.

Dabei sind bei den unbenannten minder schweren Fällen alle Umstände zu würdigen, „gleichgültig, ob sie der Tat selbst innewohnen, sie begleiten oder ihr nachfolgen".[4] Bei der Gesamtwürdigung sind Umstände zu berücksichtigen, welche die Folgen der Tat für den Täter betreffen,[5] wie beispielsweise eine geringe Lebenserwartung des Täters,[6] eine Strafempfindlichkeit des Delinquenten[7] und berufsrechtliche Folgen.[8] Nach dem BGH sind also auch schuldunabhängige, präventive Faktoren im Rahmen der Gesamtbetrachtung zu berücksichtigen.

Hinsichtlich der besonders schweren Fälle ist die Rechtsprechung widersprüchlich: So sollen „Umstände, die mit der Tat nicht zusammenhängen, [...] keinen besonders schweren Fall begründen", die Wiedergutmachungsleistung des

---

[1] Für eine abschließende Übersicht zu den Möglichkeiten der gesetzlich zugelassenen Strafrahmenänderungsvorschriften s. *Meier*, Sanktionen (2015), S. 173.
[2] BGH NStZ 2004, 32 (33).
[3] BGHSt 29, 319.
[4] BGH NStZ 2004, 32.
[5] *Schäfer/Sander/Van Gemmeren*, Praxis der Strafzumessung, (2017), Rn. 1120.
[6] BGH, Beschluss vom 19.06.2007 – 3 StR 214/07.
[7] BGHSt 44, 125.
[8] BGH NJW 1988, 2749.

Angeklagten und auch der Umstand, dass der „bisher unbestrafte Angeklagte nicht der Typ des skrupellosen Betrügers ist", hingegen berücksichtigt werden.[9] Auch hier scheint es nicht ausgeschlossen, dass Umstände relevant sind, die sich präventiv interpretieren lassen.

Bei der fakultativen Strafrahmenänderung nach § 49 Abs. 1 StGB legt der Bundesgerichtshof allerdings eindeutig fest, dass allein tat- und schuldbezogene Erwägungen in die Gesamtwürdigung miteinzufließen haben.[10]

Die Rechtsprechung lässt insgesamt eine Tendenz erkennen, die Strafrahmenwahl vorrangig von schuldbezogenen Erwägungen abhängig zu machen. Eine Verbannung präventiver Erwägungen aus der Strafrahmenwahl kann hingegen nicht festgestellt werden, sodass Antinomiefälle denkbar sind. Kommen die Strafzwecke zu sich widersprechenden Forderungen im Hinblick auf den anzuwendenden Strafrahmen, so können diese Fälle nicht mittels des Entscheidungskriteriums der Gebotenheit im Rahmen der Gesamtbetrachtung gelöst werden, da im Antinomiefall ein Strafzweck die Anwendung eines Strafrahmens fordert und die Anwendung eines anderen verbietet. Wenn die Anwendung eines anderen Strafrahmens aus Perspektive eines Strafzwecks auszuscheiden hat, so ist die Anwendung des geforderten Strafrahmens geboten. Im Antinomiefall ist also die Gebotenheit der Anwendung eines Strafrahmens von der Perspektive und damit vom Vorrang eines Strafzwecks abhängig. Das Kriterium der Gebotenheit setzt den Vorrang eines Strafzwecks voraus, kann selbst nicht als Instrument zur Bestimmung dieses Vorrangverhältnisses im Antinomiefall dienen. Deshalb wird im Folgenden der Frage nachgegangen, welchem Strafzweck in solchen Fällen der Vorrang gebührt bzw. ob präventive Erwägungen für die Wahl des Strafrahmens relevant sein können.

## II. Zur Relevanz präventiver Erwägungen bei der Strafrahmenwahl

### 1. Kongruenz mit der Strafhöhenbemessung

Unzutreffend ist zunächst jenes Argument, welches die Relevanz der Prävention für die Strafrahmenwahl aus der Notwendigkeit einer Kongruenz mit der Strafhöhenbemessung herleitet,[11] denn gerade dieses System „doppelter Gesamt-

---

[9] BGH StV 1984, 46.

[10] „In Betracht kommen hierbei alle Umstände, die unter dem Aspekt der Schuld [...] dem konkreten Fall sein Gepräge geben", BGH NJW 1986, 793 (794).

[11] Da für die Einordnung der Tat in den gesetzlichen Strafrahmen die Abwägung aller strafzumessungsrelevanten Umstände einschließlich der schuldunabhängigen Faktoren erforderlich sei, könne für die Frage, welche Taten von einem gegenüber dem Normalstrafrahmen herabgesetzten Sonderstrafrahmen erfasst werden sollen, nichts anderes gelten, vgl. *Schäfer/Sander/Van Gemmeren*, Praxis der Strafzumessung (2017), Rn. 1104.

würdigung"[12], welches die Grenzen zwischen Strafrahmenwahl und Strafhöhenbemessung verwischt,[13] ist im Hinblick auf das Doppelverwertungsverbot gesetzeswidrig.[14] Und auch demjenigen, der solche Bedenken nicht teilt,[15] wird zu zeigen sein, dass präventive Erwägungen auch bei der Strafhöhenbemessung zurückzutreten haben,[16] jedenfalls aber nicht geeignet sind, entgegen den Anforderungen des Schuldausgleichs über das Strafmaß zu bestimmen und somit auch nicht über den Sonderstrafrahmen.

## 2. Gesetzliche Terminologie

Es wurde jedenfalls für die minder und besonders schweren Fälle vorgetragen, die *gesetzliche Terminologie* spreche dafür, allein auf Faktoren abzustellen, die das verschuldete Unrecht betreffen.[17] Der Begriff „Fall" sei dem Begriff der „Tat" ähnlich, weshalb nur ein Tatgeschehen im engeren Sinne vom Gesetzgeber gemeint sein könne.[18] Zudem spreche dessen Verwendung in § 46a Nr. 2 StGB für eine enge Auslegung, weil der „Fall" die Schadenswiedergutmachung durch erhebliche persönliche Leistungen oder persönlichen Verzicht erforderlich gemacht haben müsse,[19] präventive Umstände könnten rein semantisch schon keinen Bezug zur Schwere des „Falles" aufweisen.[20]

Auch wenn die Begrifflichkeit „Fall" ebenfalls gleichbedeutend mit dem Begriff „Angelegenheit"[21] ist, so scheint die Beschreibung des engeren Tatgeschehens durch den Gesetzgeber jedenfalls nicht zweifelsfrei. Blickt man auf die Verwendung des Begriffs im zweiten Titel des dritten Abschnitts des Allgemeinen Teils des Strafgesetzbuchs (Strafbemessung), so lässt sich eine achtfache Verwendung des Begriffs feststellen.[22] Entscheidend für eine weite Auslegung des Begriffs spricht die Verwendung in der Überschrift des § 47 StGB. Ein „Ausnahme*fall*" ist gemäß § 47 Abs. 1 StGB gegeben, wenn u. a. die Persönlichkeit des Täters die Verhängung einer Freiheitsstrafe von unter sechs Monaten uner-

---

[12] *Gerhold*, ZJS (2009), S. 260 (264).

[13] *Horn/Wolters*, in: SK-StGB, § 46 Rn. 64; *Kindhäuser*, FS-Triffterer (1996), S. 127 f.

[14] *Horn*, GS-Kaufmann (1989), S. 573 (583).

[15] Einen Verstoß gegen das Doppelverwertungsverbot ablehnend, *Hettinger*, Das Doppelverwertungsverbot bei strafrahmenbildenden Umständen, S. 190 ff.; *Bergmann*, Die Milderung der Strafe nach § 49 Abs. 2 StGB, S. 21.

[16] S. Kap. C., V.

[17] NK-StGB/*Streng*, § 46 Rn. 12; *Frisch/Bergmann*, JZ 1990, 944 (951); *Gerhold*, ZJS (2009), S. 260 (264).

[18] *Gerhold*, ZJS (2009), S. 260 (264).

[19] *Gerhold*, ZJS (2009), S. 260 (263).

[20] *Frisch/Bergmann*, JZ 1990, 944 (951).

[21] Duden, Synonymwörterbuch, S. 373.

[22] §§ 46a Nr. 2, 46b Abs. 1 S. 2, 47 Überschrift, Abs. 2, 49 Abs. 1 Nr. 3 (3x), 50 StGB.

lässlich macht. Dies widerspricht eindeutig einer Auslegung des Begriffs „Fall" als einer Beschreibung des engeren Tatgeschehens, wenn für die Bestimmung eines Ausnahmefalls und damit auch für die Bestimmung eines Nicht-Ausnahmefalls – des Normalfalls – spezialpräventive Faktoren zu berücksichtigen sind.

Blickt man auf die Strafrahmenverschiebungen im Allgemeinen Teil des StGB, so findet sich dort die Formulierung, die Strafe „kann gemildert werden". Hier greift die Argumentation bezogen auf den Begriff des Falls freilich nicht.

Im Ergebnis ist dem Einwand nicht zu folgen, aus der gesetzlichen Terminologie („Fall") ergebe sich, dass allein tatschuldbezogene Gesichtspunkte für die Wahl des Strafrahmens relevant seien. Die grammatikalische Auslegung ergibt nicht zweifelsfrei, dass präventive Erwägungen der Strafrahmenentscheidung nicht zu Grunde liegen dürfen.

### 3. Gesetzesbegründung

Die Relevanz von „anderen Umständen als solchen, die das Unrecht und die Schuld" betreffen, ergibt sich für die minder schweren Fälle unmittelbar aus der Gesetzesbegründung.[23] Aus der Tatsache, dass diese „insbesondere"[24] bei den minder schweren Fällen zu berücksichtigen sind, erschließt sich, dass es sich hierbei nicht um den einzigen Anwendungsbereich handelt, die *anderen Umstände* auch bei anderen Entscheidungen über die Anwendung eines Sonderstrafrahmens zu berücksichtigen sind.

Ein Vergleich mit der bis zum Inkrafttreten des EGBGB am 01.01.1975 geltenden Rechtslage spricht allerdings gegen eine weite Auslegung. Die alte Fassung des StGB kannte die Wertgruppen der „minder schweren Fälle", der „mildernden Umstände" und der „besonders leichten Fälle". Mit Inkrafttreten des EGBGB wurden diese unterschiedlichen Wertgruppen eingeebnet und einheitlich als „minder schwerer Fall" in das heutige StGB übernommen.[25] Dabei ging der Gesetzgeber erklärtermaßen von keiner Verschlechterung der Rechtslage für den Täter aus, für die Annahme eines minder schweren Falls sollten vielmehr auch „andere Tatumstände als solche, die das Unrecht oder die Schuld betreffen", zu berücksichtigen sein.[26]

Die Gleichsetzung von minder schweren Fällen mit mildernden Umständen überzeugt deshalb nicht, weil die Berücksichtigung mildernder Umstände nicht nur die Funktion hatte, die Höhe der Strafe zu mildern, sondern vielfach auch einen Wechsel der Strafart als gebundene Rechtsfolgenentscheidung zur Folge

---

[23] BT-Drucks. 7/550, 212.
[24] Ebenda.
[25] BT-Drucks. 7/550, 212; BT-Drucks. 7/1261, 4.
[26] BT-Drucks. 7/550, S. 212.

hatte.[27] Der Zweck der Berücksichtigung mildernder Umstände war es, über einen Wechsel der Strafart zu entscheiden, wofür insbesondere auch Gesichtspunkte der Prävention relevant sein sollten, allerdings ist dieser Zweck bereits mit Einführung der einheitlichen Freiheitsstrafe obsolet geworden.[28] Der Gesetzgeber setzte die mildernden Umstände und die minder schweren Fälle jedoch bedenkenlos gleich, ohne zu begründen, weshalb die Prävention auch ohne einen Wechsel der Strafart bei den minder schweren Fällen zu berücksichtigen ist.[29]

### 4. Strafrahmen als Schwereskala

Die Strafrahmen bringen eine abstrakte gesetzgeberische Unrechts- und Schuldbewertung aller tatbestandsmäßigen Fälle zum Ausdruck.[30] Zu analysieren ist, ob Strafrahmen überhaupt auf Grundlage präventiver Bedürfnisse gebildet werden können bzw. ob die Strafrahmen des StGB nach präventiven Bedürfnissen gestaffelt sind.

a) Individualpräventive Bedürfnisse lassen sich nicht abstrahieren und generalisieren,[31] denn es lässt sich generell nicht beantworten, wie viel Strafe zur Resozialisierung notwendig ist.[32] Eine Bestimmung der Strafrahmen nach Resozialisierungsaspekten dürfte auch keine längeren Freiheitsstrafen zulassen, da diese ab einer bestimmten Dauer, die unter den meisten Strafrahmenobergrenzen anzusiedeln ist, entsozialisierend wirken.[33] Die Strafrahmen des Strafgesetzbuchs sind demnach nicht nach individualpräventiven Bedürfnissen gestaffelt; auf Grundlage individualpräventiver Bedürfnisse lassen sich keine Strafrahmen bilden.

b) Ein konsequent negativ-generalpräventives Strafrecht müsste die Strafrahmen ebenfalls nach anderen Kriterien bilden, hätte sich z. B. an „Verbreitungsgefahr und Deliktshäufigkeit zu orientieren".[34] Abgesehen von den methodischen Problemen, welche die Subsumption unter solche Begrifflichkeiten verunmöglichen, folgt aus der Eigenlogik der Abschreckungsprävention, dass ein Abschreckungsbedürfnis gerade keine feste Größe darstellt, die Gegenstand einer

---

[27] Beispielhaft sah § 63 Preußisches StGB v. 1851 im Grundsatz eine Zuchthausstrafe von fünf Jahren bis lebenslange *Zuchthausstrafe* vor, während nach Feststellung mildernder Umstände lediglich eine *Einschließung* von bis zu fünf Jahren vorgesehen war.

[28] *Gerhold*, ZJS (2009), S. 260 (262).

[29] Ebenda.

[30] *Kühl*, in: Lackner/Kühl, § 46 Rn. 6; *Dreher*, FS-Bruns (1978), S. 145; *Bruns/Güntge*, Strafzumessung (2019), S. 44 Rn. 18.

[31] *Eisele*, Die Regelbeispielmethode im Strafrecht (2004), S. 240; *Bruns/Güntge*, Strafzumessung (2019), S. 44 Rn. 18.

[32] S. Kap. C., I., 2., a), bb).

[33] *Peters*, Grundprobleme der Kriminalpädagogik (1960), S. 178.

[34] *Bruns/Güntge*, Strafzumessung (2019), S. 44 Rn. 18.

generellen Regelung sein kann, sondern mit der Strafe in Wechselwirkung tritt: Durch die Strafe wird das Abschreckungsbedürfnis (idealerweise) modifiziert; durch das Abschreckungsbedürfnis wird die zur Abschreckung notwendige Strafe bestimmt. Deshalb sind auch negativ-generalpräventive Bedürfnisse zur Bildung von Strafrahmen ungeeignet.

c) Sowohl spezial- als auch negativ-generalpräventive Bedürfnisse sind zur Bildung von Strafrahmen ungeeignet.[35] Ziel der Strafrahmenwahl kann es deshalb nur sein, einen Strafrahmen für anwendbar zu erklären, in welchen das verschuldete Unrecht der Tat hineinpasst. Im Antinomiefall liegt das durch die Tatschuld präjudizierte Strafmaß jedoch gerade außerhalb des mittels Prävention begründeten Strafrahmens. Wenn ein Strafrahmen angewendet wird, welcher keine Strafgröße enthält, die dem verschuldeten Unrecht entspricht, ist der Boden der Rationalität verlassen.

d) Das Vorstehende gilt vor allem im Hinblick auf die *Spielraumtheorie*, welche im Widerspruch zu einer Lösung stünde, nach welcher die Prävention auf Ebene der Strafrahmenwahl gegenüber der Schuld vorrangig wäre. Wie oben erläutert, darf nach Ansicht der Rechtsprechung die schuldangemessene Strafe in der Phase der Strafhöhenbestimmung weder über- noch unterschritten werden. Die schuldangemessene Strafe orientiert sich an der Schwereskala der Strafrahmen. Auf Ebene der Strafrahmenwahl fordert die Schuld deshalb die Anwendung des Strafrahmens, in welchem der Schuldrahmen liegt. Folgt das Gericht im Antinomiefall präventiven Erwägungen und wendet einen Strafrahmen an, in welchem der Schuldrahmen keine Entsprechung findet, so kann dies zu einer Über- oder Unterschreitung der Schuld durch die Hintertür führen, die nach der Spielraumtheorie verboten ist. Deshalb ist zuzustimmen, wenn behauptet wird, dass präventive Zwecke a fortiori für die Strafrahmenwahl irrelevant bleiben müssen, wenn diese untauglich sind, einen Schuldrahmen zu bilden.[36]

## 5. Fazit

Präventive Erwägungen entgegen dem Präjudiz der Schuld können keinen Sonderstrafrahmen begründen. Die Rechtsprechung würde gut daran tun, präventive Erwägungen aus der Gesamtbetrachtung bei der Strafrahmenwahl auszuklammern. Das System der §§ 47 ff. StGB hält genug Regelungen bereit, um dem Anliegen der Prävention Rechnung zu tragen, ohne die dargelegten Widersprüchlichkeiten hervorzurufen.

---

[35] *Dreher*, FS-Bruns (1978), S. 145 f.; *Frisch/Bergmann*, JZ 1990, S. 944 (950); dies gilt freilich nicht für die hinter jeder Strafandrohung stehende positive Generalprävention, s. *Jakobs*, Strafrecht AT (1991), 17. Absch. Rn. 30.

[36] *Frisch/Bergmann*, JZ 1990, S. 944 (950); *Zipf*, Strafmaßrevision (1969), S. 7; *Eisele*, Die Regelbeispielmethode im Strafrecht (2004), S. 241 Fn. 279.

# C. Die Strafzweckantinomie
## bei der Strafhöhenbemessung

Bei der Strafhöhenbemessung können die Strafzwecke in vielerlei Hinsicht in Konflikt geraten, allerdings liefert die Grundlagenformel des § 46 Abs. 1 StGB eine Orientierungshilfe: Schuld soll die Grundlage sein, (Spezial-)Prävention soll ebenfalls Relevanz erlangen. Wenn die Schuld Grundlage der Strafzumessung sein soll, ist es sinnvoll, im Verhältnis zu eben dieser Tatschuld die Relevanz präventiver Erwägungen zu untersuchen, bevor das Verhältnis der Präventionszwecke untereinander betrachtet wird.

## I. Zum Verhältnis von Schuld und Prävention

Es ist unmöglich, die schuldangemessene Strafe der Höhe nach in einem punktgenau fixierten Strafmaß anzugeben, vielmehr gibt es in jedem Fall mehrere Strafgrößen, die schuldangemessen sind – die schuldangemessene Strafe bildet eine Strecke.[1] Ein echter Antinomiefall ist dann anzunehmen, wenn präventive Erwägungen eine Strafe präjudizieren, die außerhalb dieser Strecke liegt. Inwiefern eine Über- oder Unterschreitung der schuldangemessenen Strafe auf Grund präventiver Nützlichkeit zulässig ist, soll hier untersucht werden, denn aus dem Wortlaut der Grundlagenformel (§ 46 Abs. 1 S. 1 StGB) ergibt sich nicht, ob es verboten ist, die schuldangemessene Strafe zu unter- oder überschreiten. Deshalb ist fraglich, welche Auslegung der Vorschrift der Gesetzgeber beabsichtigt hat. Aufschluss darüber soll zum einen eine Analyse der Entwicklungsgeschichte des § 46 Abs. 1 StGB (§ 13 StGB a. F.) geben.[2] Zum anderen wird zu untersuchen sein, ob die behaupteten Wirkungen unmittelbar präventiver Strafzumessung auch wirklich eintreten und unmittelbar präventive Strafzumessung damit tatsächlich möglich ist.[3] Darüber hinaus soll betrachtet werden, ob einer unmittelbar präventiven Strafzumessung normative Einwände entgegenstehen.[4]

### 1. Zur Entwicklungsgeschichte der Grundlagenformel

Dem Wortlaut der Grundlagenformel (§ 46 Abs. 1 StGB) kann man allein die Relevanz der Schuld und der Spezialprävention für die Strafzumessung entneh-

---

[1] *Güntge*, ZIS 2018, S. 384 (385).
[2] S. Kap. C., I., 1.
[3] S. Kap. C., I., 2.
[4] S. Kap. C., I., 3.

men, allerdings schweigt diese zur Relevanz der Generalprävention. Zwar lässt
das Wort „Grundlage" erahnen, dass die Schuld im Regelfall das Strafmaß bestimmen soll. Ob die Schuld jedoch über- oder unterschritten werden darf und in
welchen Grenzen eine solche Durchbrechung des Schuldprinzips zu Gunsten
unmittelbar präventiver Strafzumessung möglich ist, lässt sich der Formel nicht
entnehmen. Zu untersuchen ist deshalb, ob sich der Entwicklungsgeschichte eindeutige Vorstellungen des Gesetzgebers in Bezug auf das Vorrangverhältnis der
Strafzwecke entnehmen lassen.

### a) Große Strafrechtskommission

„All diesen Antinomien gegenüber erhebt sich die Frage nach dem Vorrang
des einen Strafzwecks vor dem andern. Die Entscheidung, die wir hier zu treffen
haben, ist ein Bekenntnis."[5] Die von Mezger in seinem vorbereitenden Gutachten
definierte Arbeitshypothese der Großen Strafrechtskommission konnte im Hinblick auf die Dogmatik des „neuen" Strafzumessungsrechts nicht eindeutiger for-
muliert werden: Es bedarf einer Vorrangentscheidung. Die Gesetzesfassung muss
sich daran messen lassen.

### aa) 2. Sitzung, 29. Juni 1954

Der zweiten Sitzung der Großen Strafrechtskommission liegt der von Mezger[6]
eingebrachte Regelungsvorschlag für eine damals noch nicht näher bezeichnete
zentrale Strafzumessungsvorschrift zu Grunde, der auf dem in den Vorarbeiten
gefertigten Gutachten[7] nach Vorbild des Art. 63 Schweizer StGB a. F.[8] beruhte:

> „Die Strafe soll in gerechter Weise der Schuld des Täters entsprechen. Auf dieser
> Grundlage dient sie der Verhütung von Straftaten, der Sicherung der Allgemeinheit
> vor gefährlichen Verbrechern und der Eingliederung des straffällig Gewordenen in
> die Gemeinschaft."

Diese Regel bekenne sich im Kollisionsfall zum Primat des Schuld-Sühne-
Prinzips.[9]

---

[5] *Mezger*, Materialien zur Strafrechtsreform, Gutachten der Strafrechtslehrer, Bonn,
1954, Band I, S. 2.

[6] Niederschr. Band I (1954), S. 33.

[7] *Mezger*, Materialien zur Strafrechtsreform, Gutachten der Strafrechtslehrer, Bonn,
1954, Band I, S. 7.

[8] Damalige Formulierung: „Der Richter misst die Strafe nach dem Verschulden des
Täters zu; er berücksichtigt die Beweggründe, das Vorleben und die persönlichen Verhältnisse des Schuldigen." Heute weitgehend übereinstimmend Art. 47 Schweizer StGB.

[9] Niederschr. Band I (1954), S. 33; *Mezger*, Materialien zur Strafrechtsreform, Gutachten der Strafrechtslehrer, Bonn, 1954, Band I, S. 6.

Ganz im Sinne der soziologischen Schule Franz v. Listzs fanden sich Vertreter des Primats der Spezialprävention, insbesondere Eb. Schmidt[10], der sich entgegen dem Vorschlag Mezgers für eine spezialpräventive Ausrichtung der Strafzumessung einsetzte und bereits in seinem Gutachten folgenden Formulierungsvorschlag wählte: „Bei der Bemessung der Strafe hat das Gericht zu erwägen, welche Mittel geeignet sind, um den Verurteilten zu einem gesetzmäßigen und geordneten Leben zu führen."[11]

Dass sich die Mitglieder der Kommission in der überwiegenden Mehrheit für das Primat des Schuldgedankens aussprachen,[12] gründet auf dem Vortrag Mezgers, denn während sein Gegenspieler der Ansicht war, dass mit dem Vergeltungsgedanken während des Naziregimes „grober Missbrauch"[13] betrieben wurde und somit wohl teils auch auf den von Mezger selbst während des Regimes entwickelten Begriff der Lebensführungsschuld[14] anspielte, verwies dieser ebenfalls auf das grausame Kapitel der deutschen Geschichte, indem er vortrug:

„Mit der Zweckstrafe kommen wir zum totalitären Strafrecht. […] Mag sie nun Ausdruck finden in dem Wort ‚Recht ist, was dem Volke nützt' oder mag sie Ausdruck finden in einer einseitigen Spezialprävention."[15]

Beide Positionen waren sich somit darin einig, dass es ein Schutzprinzip nach nationalsozialistischem Vorbild unbedingt zu vermeiden galt, dessen vergangene Existenz aber zugleich das Argument provoziere, dass der jeweils andere Standpunkt eine grenzenlose Strafzumessung ermögliche.

Das Primat des Schuldgedankens fand zu diesem Zeitpunkt überwiegend Beifall. Gegen dieses wurde allerdings der Einwand erhoben, die Formulierung „Grundlage" sei zu elastisch bzw. zu unbestimmt, um die Strafzweckantinomie aufzulösen, da der Richter der Formel nicht entnehmen könne, wie weit er sich von der Schuldstrafe entfernen dürfe.[16] Von Gallas wurde bereits in dieser Sitzung in Frage gestellt, ob die notwendigen Erkenntnismittel für ein konsequent durchgeführtes Präventionsstrafrecht vorlägen.[17]

---

[10]  Niederschr. Band I (1954), S. 35 ff.

[11]  Materialien zur Strafrechtsreform, Gutachten der Strafrechtslehrer, Bonn, 1954, Band I, S. 26.

[12]  *Niethammer*, Niederschr. Band I (1954), S. 35; *Dahs*, Niederschr. Band I (1954), S. 39; *Gallas*, Niederschr. Band I (1954), S. 41; *Baldus*, Niederschr. Band I (1954), S. 38; *Merkatz*, Niederschr. Band I (1954), S. 38; *Krille*, Niederschr. Band I (1954), S. 40.

[13]  *Schmidt*, Niederschr. Band I (1954), S. 36.

[14]  *Mezger*, ZStW 57 (1938), S. 675 (688).

[15]  *Mezger*, Niederschr. Band I (1954), S. 33; explizit diesem Argument beitretend *Gallas*, Niederschr. Band I (1954), S. 40 f.; *Koffka*, Niederschr. Band I (1954), S. 42.

[16]  *Dreher* vor der Großen Strafrechtskommission, Niederschr. Band I (1954), S. 41; *Niethammer* hielt die „Gefahr einer gewissen Mißdeutung (für) nicht gänzlich ausgeschlossen". Niederschr. Band I (1954), S. 35.

[17]  *Gallas*, Niederschr. Band I (1954), S. 40 f.; zur Frage, ob diese Erkenntnismittel heute vorliegen, s. Kap. C., I., 2.

## bb) 51. Sitzung, 6. Dezember 1956

Das Ergebnis der 51. Sitzung ist bestenfalls die Einsicht, dass die Grundsatzdebatte zwischen Anhängern der additiven Vereinigungstheorie[18], der starren Vergeltungstheorie[19] und der Spielraumtheorie[20] keinen Konsens hervorbringen könne, weshalb eine Unterkommission mit der Ausarbeitung verschiedener Alternativformulierungen beauftragt wurde.[21]

## cc) 52. Sitzung, 7. Dezember 1956

Einen Tag später präsentierte die Unterkommission mehrere Formulierungsvorschläge; am Ende der Sitzung wurde nunmehr mit einfacher Mehrheit für den Satz gestimmt: „Wer ohne Schuld handelt, wird nicht bestraft. Die Strafe darf das Maß der Schuld nicht überschreiten."[22] Die Abstimmung war denkbar knapp: Bei 12 Stimmen für die Formulierung fanden sich 9 Stimmen für eine alternative Formulierung, welche die Berücksichtigung präventiver Überlegungen ausdrücklich vorsah;[23] weitere 8 Stimmen entfielen auf andere Varianten.[24] Dies zeigt bereits, dass die Formulierung umstritten, eine Schuldüberschreitung mehrheitlich allerdings nicht gewollt war.

Die mehrheitlich beschlossene Formulierung berge den Vorteil, so wurde argumentiert, dass die schuldangemessene Strafe zumindest aus spezialpräventiven Gründen unterschritten werden könne,[25] was jedoch im Hinblick auf die mangelnde Revisibilität der Strafzumessung nicht ohne Widerspruch blieb.[26] Letzt-

---

[18] So *Fritz* vor der Großen Strafrechtskommission, Niederschr. Band IV (1956), S. 361.

[19] So *Gallas* vor der Großen Strafrechtskommission, Niederschr. Band IV (1956), S. 359.

[20] So *Mezger* vor der Großen Strafrechtskommission, Niederschr. Band I (1954), S. 33; Niederschr. Band IV (1956), S. 359 f.

[21] Niederschr. Band IV (1956), S. 358 ff.

[22] Niederschr. Band IV (1956), S. 387.

[23] „Die Strafe soll die Schuld des Täters gerecht ausgleichen, außerdem ihn wieder in die Gesellschaft eingliedern, die Allgemeinheit vor dem gefährlichen Täter schützen, Straftaten anderer verhüten und die Rechtstreue fördern", Niederschr. Band IV (1956), S. 387, 583.

[24] Niederschr. Band IV (1956), S. 387.

[25] Niederschr. Band IV (1956), S. 382.

[26] *Schäfer* meinte, Fragen der Strafzumessung seien der Nachprüfung durch Revisionsgerichte entzogen, Niederschr. Band VI (1956), S. 383; *Jescheck* meinte, es handle sich um eine „Rechtsidee", die keine Revision begründen könne, Niederschr. Band IV (1956), S. 384; bezweifelnd, dass das Revisionsgericht eine bessere Strafzumessungsentscheidung fällen könne als der in der Hauptverhandlung anwesende Tatrichter, *Schäfer* und *Baldus*, Niederschr. Band IV (1956), S. 384 f.; eine gesetzliche Handhabe begrüßend *Fränkel*, Niederschr. IV (1956), S. 385; klares Plädoyer für die Revisibilität der Strafzumessung durch *Koffka*, Niederschr. Band IV (1956), S. 384.

lich sahen die Kommissionsmitglieder allerdings die nunmehr beschlossene Regelung des Schuldüberschreitungsverbots gegenüber der flexibleren Lösung der Grundlagenformel, wie sie von Eb. Schmidt vorgeschlagen wurde, als vorzugswürdig an.

### dd) 116. Sitzung, 10. März 1959

Die 116. Sitzung der Großen Strafrechtskommission markiert das Ende der Reformarbeiten am E 1962 in Bezug auf die Grundsätze der Strafzumessung. Im Ergebnis stimmten 11 Mitglieder gegen das in der vorherigen Sitzung beschlossene Schuldüberschreitungsverbot und 10 dafür. Für die ersatzlose Streichung des Verbots stimmten allerdings sodann nur 5 Mitglieder, während 15 die dem heutigen § 46 StGB sehr nahe Formulierung „Grundlage für die Strafzumessung ist die Schuld des Täters" favorisierten.

Diese erneute Kehrtwende, weg von der Idee der 52. Sitzung, hin zur Idee der 2. Sitzung, ist bereits an sich auffällig. Betrachtet man allerdings die Argumente, welche zu der erneuten Kehrtwende geführt haben, so wird deutlich, dass die Entwicklungsgeschichte der Grundlagenformel inhaltlich von Widersprüchen geprägt ist.

Zur Frage der Schuldunterschreitung zeigt sich, dass die Mitglieder nicht, wie Lange[27] annimmt, sich hinsichtlich dieser einig gewesen wären, sondern, dass ohne feste Regelungen befürchtet wurde, dass „man sich zu weit vom Schuldstrafrecht entfernt und eine Aufweichung der Strafzumessung nach unten [...] eintritt, die überaus bedenklich wäre".[28]

Hinsichtlich des Schuldüberschreitungsverbots setzten sich die widersprechenden Stimmen fort. Obwohl ein Großteil der Mitglieder sich einig war, dass die Schuldüberschreitung nicht mit der Menschenwürde, Art. 1 I GG, vereinbar sei,[29] wurden Stimmen aus der Richterschaft laut, die darauf verwiesen, dass es unter Umständen geboten sein könne, die Schuld zu überschreiten, wenn Straftaten epidemiologisch aufträten.[30] Auch sei es für eine sinnvolle Behandlung des Tä-

---

[27] Niederschr. Band XII (1959), S. 57; auch *Gallas* hatte sich zuvor für eine solche Möglichkeit ausgesprochen, Niederschr. Band IV (1956), S. 382.

[28] So *Dreher* vor der Großen Strafrechtskommission, Niederschr. Band XII (1959), S. 45; *Fritz* meinte, „daß das Unterschreiten in einem vernünftigen Verhältnis zur Schuld stehen muß". Niederschr. Band XII (1959), S. 49.

[29] *Lange*, Niederschr. Band XII (1959), S. 50; *Baldus*, Niederschr. Band XII (1959), S. 52; *Gallas*, Niederschr. Band XII (1959), S. 54; *Dünnebier* verwies hingegen darauf, dass es eine solche Grenze bei den Maßregeln auch nicht gebraucht habe, Niederschr. Band XII (1959), S. 52.

[30] *Simon* vor der Großen Strafrechtskommission, Niederschr. Band XII (1959), S. 56; bezugnehmend darauf *Lange*, der meinte, dass verhindert werden solle, ein Exempel zu statuieren, Niederschr. Band XII (1959), S. 57.

ters[31] oder zur Bewährung der Rechtsordnung notwendig, die Schuldstrafe zu überschreiten.[32] Zudem erwecke das Schuldüberschreitungsverbot den Eindruck, als lasse sich die Schuld in ein gewisses Maß an Strafe übersetzen, was keinesfalls möglich sei.[33]

Deshalb wurde trotz Kritik an ihrer Bestimmtheit[34] sowie an ihrem Schweigen zu dem Verhältnis der Strafzwecke zueinander[35] die Grundlagenformel angenommen. Nach der amtlichen Begründung[36] bedeutete dies,

> „daß es mit Rücksicht auf die sonst mit der Strafe verfolgten Aufgaben möglich ist, die der Schuld entsprechende Strafe sowohl zu überschreiten als auch hinter ihr zurückzubleiben. Das darf allerdings nur in einem Ausmaß geschehen, daß die Strafe ihrem Wesen nach noch immer Ausgleich für Schuld bleibt".

Man war der Ansicht, das Problem der Strafzweckantinomie solle nicht durch den Gesetzgeber gelöst werden; man verweigerte sich einem klaren gesetzgeberischen Bekenntnis und meinte vielmehr, den „Widerstreit der Strafzwecke im Einzelfall zu lösen, ist eine Aufgabe der Strafzumessung, die ihrem Wesen nach der Rechtsprechung zukommt".[37]

Von der Arbeitshypothese Mezgers, die Strafzweckantinomie als Problem praktischer Rechtsanwendung durch das Gesetz zu lösen, blieb im Ergebnis nicht viel übrig. Von Schröder[38] wurde auf dem 43. Deutschen Juristentag nachvollziehbarerweise der Vorwurf erhoben, es werde der Versuch unternommen, eine

---

[31] So auch *Dünnebier*: „Wir leiden darunter, daß die Strafen nicht nur zum Nachteil des Staates, sondern auch zum Nachteil des Angeklagten oft zu niedrig sind, und daß sie auf der anderen Seite für Gestrauchelte zu hoch sind. Wie manchen immer wieder rückfällig gewordenen Täter hätten wir gerettet, wenn er rechtzeitig in eine langdauernde Behandlung in einem guten Strafvollzug gekommen wäre [...]", Niederschr. Band XII (1959), S. 49; *Eb. Schmidt* will die Strafe verhängen, die ihm „endlich von seinem miserablen Ich weghilft", Niederschr. Band XII (1959), S. 60.

[32] *Dreher* vor der Großen Strafrechtskommission, Niederschr. Band XII (1959), S. 44.

[33] Ebenda; *Lange* meinte dagegen, dass das Maß der Schuld am Ende der Hauptverhandlung relativ feststünde, Niederschr. Band XII (1959), S. 51; zust. *Dünnebier*, Niederschr. Band XII (1959), S. 49; *Fritz* meinte, die Schuld könne in eine angemessene Strafe umgesetzt werden, Niederschr. Band XII (1959), S. 49; *Bockelmann* schien es unbegreiflich, wie dies als Argument gegen die Schuld geführt werden könne, wenn doch die Prävention ebenso wenig operationalisierbar sei, Niederschr. Band XII (1959), S. 47; *Baldus* meinte, dass die intuitive Feststellung der Schuld erfolgsversprechender sei als jene eines Präventionsbedürfnisses, Niederschr. Band XII (1959), S. 52.

[34] *Lange*, Niederschr. Band XII (1959), S. 57; *Bockelmann* hielt „es für ausgeschlossen, daß durch jene Formulierung Klarheit erzielt werden könnte", Niederschr. Band XII (1959), S. 47; *Koffka* meinte, wenn man nichts Konkretes sagen könne, solle der Gesetzgeber lieber schweigen, Niederschr. Band XII (1959), S. 58.

[35] *Rösch*, Niederschr. Band XII (1959), S. 56.

[36] Amtliche Begründung § 60 E 1962, S. 181.

[37] Amtliche Begründung § 72 E 1962, S. 198.

[38] Nachweis bei *Roxin*, ZStW 77 (1965), S. 60 (61).

eingangs angekündigte „Entscheidung zu umgehen". Vielmehr war eine Formel geschaffen, die, wie beabsichtigt, beliebiger Ausdeutung zugänglich war.

### b) Alternativentwurf

Diese Situation erkannten auch einige Strafrechtslehrer, die innerhalb von etwas mehr als einem Jahr[39] als Kritik am E 1962 den *Alternativentwurf* (AE)[40] vorlegten. Die für die Bemessung der Strafe vorgeschlagenen Formulierungen lauteten wie folgt:

§ 2 Zweck und Grenze von Strafe und Maßregel

1. Strafen und Maßregeln dienen dem Schutz der Rechtsgüter und der Wiedereingliederung des Täters in die Rechtsgemeinschaft.

2. Die Strafe darf das Maß der Tatschuld nicht überschreiten, die Maßregel nur bei überwiegendem öffentlichen Interesse angeordnet werden.

§ 59 Grundsätze der Strafzumessung

1. Die Tatschuld bestimmt das Höchstmaß der Strafe. (...).

2. Das durch die Tatschuld bestimmte Maß ist nur insoweit auszuschöpfen, wie es der Wiedereingliederung des Täters in die Rechtsgemeinschaft oder der Schutz der Rechtsgüter erfordert.

Das im Alternativentwurf eindeutig ausgesprochene Verbot der Überschreitung der Schuld aufgrund präventiver Erfordernisse entspricht inhaltlich weitgehend dem Formulierungsvorschlag der 52. Sitzung der Großen Strafrechtskommission. Dabei erkennen die Verfasser ausdrücklich an, dass „eine exakte Quantifizierung der Tatschuld nicht möglich ist",[41] allerdings sei das Verbot der Schuldüberschreitung die einzig rechtsstaatlich verantwortbare Begrenzung.[42] Durch diese werde zum einen verhindert, dass die Strafe aus spezialpräventiven Gründen über das Maß der Schuld hinausgehe, zum anderen, dass die Schuldobergrenze aus generalpräventiven Erwägungen überschritten werden dürfe.[43] Dem Entwurf zufolge besteht die einzige Funktion der Schuld bei der Strafhöhenbemessung darin, die Strafhöhe nach oben hin zu limitieren, denn „innerhalb der durch dieses Höchstmaß gezogenen Grenze bestimmt sich die Strafe vor allem danach, was als erforderlich erscheint, um erneute Straffälligkeit des Täters zu verhin-

---

[39] Alternativentwurf eines Strafgesetzbuches, Allgemeiner Teil, 1966, Tübingen, S. 3.

[40] Alternativentwurf eines Strafgesetzbuches, Allgemeiner Teil, 1966, Tübingen.

[41] Alternativentwurf eines Strafgesetzbuches, Allgemeiner Teil, 1966, Tübingen, S. 29.

[42] Ebenda.

[43] Alternativentwurf eines Strafgesetzbuches, Allgemeiner Teil, 1966, Tübingen, S. 29 ff.

dern".[44] Die Verhängung einer Strafe an der Schuldobergrenze sei nur auf Grund spezial- und generalpräventiver Erfordernisse zulässig.[45]

Durch diesen Formulierungsvorschlag war nun die Antinomie zwischen Schuld und Prävention derart gelöst worden, dass eine Schuldüberschreitung eindeutig verboten, eine Schuldunterschreitung programmatisch erwünscht und nur in Ausnahmefällen eine Verhängung der Strafe zulässig war, die exakt der Schuldobergrenze entsprach. Dies zeigt, dass sich die Verfasser des AE nicht auf den Standpunkt einer vergeltenden Vereinigungstheorie stellten, sondern die Spezialprävention den Bereich solcher Strafgrößen dominieren sollte, die unterhalb der Schuldobergrenze lagen. Vor allem aber unterschied sich der Alternativentwurf vom E 1962 darin, dass das Problem der Strafzweckantinomie zwischen Schuld und Prävention durch den Gesetzgeber gelöst wurde. Auch ein klares Bekenntnis zum Vorrang der Spezialprävention vor der Generalprävention lässt sich dem Formulierungsvorschlag[46] sowie der amtlichen Begründung[47] entnehmen.

### c) Die Beratungen des Sonderausschusses des Bundestags

aa) 6. Sitzung, Bonn, 17. Oktober 1963,
Beratungen des Sonderausschusses „Strafrecht"
in der 4. Wahlperiode

Der Diskussion im Sonderausschuss des Bundestages lag der E 1962 zu Grunde. Dass die Grundlagenformel in ihrer Unbestimmtheit auch aus Sicht der Abgeordneten im Hinblick auf Antinomiefälle keine eindeutige Lösung präsentierte, zeigt die Nachfrage des Abgeordneten Müller-Emmert,[48] wenn er um Stellungnahme bat, ob denn die Schuld aus generalpräventiven Gründen überschritten werden dürfe. Der Begründung des E 1962 ließ sich die Legalität einer solchen Überschreitung eindeutig entnehmen, während die Sachbearbeiter versicherten, eine solche werde von der Vorschrift nicht getragen.[49] Zwar bestand nun ein Widerspruch zwischen der Erklärung der Sachbearbeiter und der amtlichen

---

[44] Alternativentwurf eines Strafgesetzbuches, Allgemeiner Teil, 1966, Tübingen, S. 31.

[45] Alternativentwurf eines Strafgesetzbuches, Allgemeiner Teil, 1966, Tübingen, S. 109.

[46] Vgl. § 2 Abs. 1 AE 1966 „Wiedereingliederung des Täters in die Rechtsgemeinschaft".

[47] Alternativentwurf eines Strafgesetzbuches, Allgemeiner Teil, 1966, Tübingen, S. 31.

[48] Beratungen des Sonderausschusses „Strafrecht" in der 4. Wahlperiode, Bonn 1967, S. 20; i. F. zitiert als „Prot., S.".

[49] Prot. IV, S. 20.

Begründung, allerdings favorisierte die Mehrzahl der Abgeordneten die von den Sachbearbeitern vorgetragene Interpretation der Grundlagenformel.[50]

Hinsichtlich der Spezialprävention verhielt es sich ebenso: In der amtlichen Begründung hatte gestanden, dass unter Umständen eine Strafe zu wählen sei, „die das schuldangemessene Maß weit überschreitet",[51] wenn dies zur Wiedereingliederung des Täters in die Gesellschaft notwendig sei. Auf Nachfrage wurde von Lackner erläutert, dass „man sich aus spezialpräventiven Gründen nicht von der Schuldstrafe entfernen" dürfe.[52]

Die Inkongruenz von Erklärungen der Sachbearbeiter und der amtlichen Begründung zeigt bereits, dass die Grundlagenformel – wie beabsichtigt – beiden Interpretationen zugänglich war. Dass Schafheutle nunmehr behauptete, die Gerichte könnten sich die in selbiger Sitzung gewählte Auslegung aus den schriftlichen Berichten des Ausschusses sowie der Regierungsvorlage ableiten,[53] traf nicht nur bei weiteren Kommissionsmitgliedern auf Unverständnis,[54] sondern steht zudem im Widerspruch zu der ausdrücklichen Annahme Lackners, die Große Strafrechtskommission habe die Absicht, stets und nur dann eine Regelung zu treffen, wenn dadurch „rechtliche Zweifelsfragen geklärt werden könnten", wenn diese jedoch nur „lehrbuchartigen Charakter" habe, „sei darauf verzichtet worden".[55] Dass die Grundlagenformel rechtliche Zweifelsfragen in Bezug auf die Strafzweckantinomie nicht geklärt hat, zeigen insbesondere die Nachfragen der Abgeordneten, weshalb im ersten schriftlichen Bericht des Ausschusses erklärt wurde, die Strafe dürfe zwar weder aus spezial- noch aus generalpräventiven Gründen überschritten werden;[56] ein Vorteil der Grundlagenformel liege aber darin, dass diese genug „Raum für die verschiedenen Lehrmeinungen [gebe,] ohne die Auslegung in eine bestimmte Richtung festzulegen".[57] Während die Schuldüberschreitung erklärtermaßen verboten sein sollte, bleibe dem ersten schriftlichen Bericht des Sonderausschusses nach zulässig, das Maß der Schuld auf Grund spezialpräventiver Erfordernisse zu unterschreiten.[58]

---

[50] Dafür *Hirsch*, Prot. IV, S. 19 f.; *Nellen*, Prot. IV, S. 21; *Lackner*, Prot. IV, S. 22; dagegen *Müller-Emmert*, Prot. IV, S. 20.

[51] Amtliche Begründung E 1962, S. 97, 181.

[52] *Lackner*, Prot. IV, S. 22.

[53] *Schafheutle*, Prot. IV, S. 22.

[54] *Hubert*, Prot. IV, S. 22 kritisiert, es habe auch schon Gerichte gegeben, die eine solche historische Auslegung ignoriert hätten.

[55] *Lackner*, Prot. IV, S. 20.

[56] Erster schriftlicher Bericht des Sonderausschusses, BT-Drucks. V 4094, S. 5.

[57] Ebenda.

[58] Ebenda.

### bb) 18. Sitzung, Bonn, 27. April 1966 und 19. Sitzung, Bonn, 28. April 1966 in der 5. Wahlperiode

Auch in den ersten beiden Lesungen der 5. Wahlperiode war zu erkennen, dass die Sonderkommission mehrheitlich die Grundlagenformel in der Auslegung akzeptierte, nach welcher die Schuld weder aus spezial- noch aus generalpräventiven Bedürfnissen überschritten werden durfte,[59] was sich jedoch ändern sollte.

### cc) 114. Sitzung, Bonn, 7. Oktober 1968 und 115. Sitzung, Bonn, 8. Oktober 1968 in der 5. Wahlperiode

Der inzwischen veröffentliche Alternativentwurf sowie die Strafrechtslehrertagung von Münster (1967)[60] schwebten über der Debatte der 114. Sitzung[61] und spalteten die Kommissionsmitglieder hinsichtlich der Frage der Schuldüberschreitung. Während in der 4.[62] und am Anfang der 5.[63] Wahlperiode das Verbot der Schuldüberschreitung inhaltlich noch akzeptiert wurde, ist ein entsprechender Antrag, das Schuldüberschreitungsverbot ausdrücklich in das Gesetz aufzunehmen, nicht nur innerhalb der Sonderkommission,[64] sondern auch bei einer Abstimmung im Plenum des Bundestages[65] abgelehnt worden. Der explizite Ausspruch des Verbots wurde nun u. a. abgelehnt, weil sich innerhalb der Kommission mittlerweile ein Standpunkt gebildet hatte, welcher die Grundlagenformel gerade deshalb für vorzugswürdig hielt, weil diese der Schuldüberschreitung auf Grund spezialpräventiver Erwägungen zumindest vom Wortlaut her nicht entgegenstand.[66] Die Aufnahme des Resozialisierungsgedankens[67] in das Gesetz lasse nunmehr eine solche Interpretation zu und im Gegensatz zur Generalprävention stehe der Spezialprävention nicht die Verfassung (Art. 1 GG) entgegen.[68] Auch im Bundesjustizministerium wurde die Frage der Schuldüberschreitung auf Grund der Spezialprävention durchaus unterschiedlich beurteilt.[69] Stimmen, die

---

[59] Prot. V, S. 349, 367 ff.; vgl. *Horstkotte*, JZ 1970, S. 123.

[60] Zu den Diskussionsbeiträgen s. *Friedrichs*, ZStW 80 (1968), S. 119 ff.

[61] So auch *Horstkotte*, JZ 1970, S. 123.

[62] S. Kap. C., I., 1., c), aa).

[63] S. Kap. C., I., 1., c), bb).

[64] Antrag durch *Diemer-Nicolaus*, Prot. V, S. 2231; s. Abstimmungsergebnis Prot. V, S. 2236.

[65] Sitzungsberichte des deutschen Bundestages, 5. Wahlperiode, 230. Sitzung, 7. Mai 1969, S. 12766 ff.

[66] *Schlee*, Prot. V, S. 2232; *ders.*, Prot. V, 2235 ff.; *Müller-Emmert*, Prot. V, 2235; *Dreher*, Prot. V, 2232.

[67] *Schlee*, Prot. V, 2237.

[68] *Dreher*, Prot. V, 2235 f.

[69] *Horstkotte*, Prot. V, S. 2232.

eine Überschreitung auf Grund der Generalprävention forderten, waren mittlerweile verstummt.[70]

### d) Fazit: Die Entwicklungsgeschichte als Grund für Strafzweckantinomien

Die historische Entwicklung zeigt, dass ein ausdrückliches Schuldüberschreitungsverbot bis zur letzten Sitzung der Sonderkommission allein aus formellen Gründen abgelehnt wurde, weil es den Eindruck erwecke, als lasse sich ein bestimmtes Maß an Schuld in ein bestimmtes Maß an Strafe umsetzen, was keinesfalls möglich sei, und deshalb eine Flut von Revisionen befürchtet wurde, obwohl dieses Verbot inhaltlich wohl dem entsprochen hätte, was bis dato gewollt war.

Eines der entscheidenden Argumente für die Grundlagenformel war, dass die Schuldüberschreitung auf Grund spezialpräventiver Erwägungen zumindest nicht verboten war und damit etwas ermöglichte, was inhaltlich weder von der Großen Strafrechtskommission noch von den Autoren des AE und den Volksvertretern der Sonderkommission in der 4. Wahlperiode gewollt war. Allein hinsichtlich der Generalprävention ergibt sich der klare Wille der Sonderkommission zu einem Verbot der Strafschärfung über das Maß der Schuld hinaus.

Ein ausdrückliches Schuldüberschreitungsverbot wurde auch abgelehnt, weil danach eine Schuldunterschreitung zulässig sei,[71] obwohl dies während der 4. Wahlperiode noch als Vorteil der Grundlagenformel gesehen wurde.[72] Sowohl der Wortlaut der Grundlagenformel als auch der des Schuldüberschreitungsverbots stehen einer Unterschreitung der Schuld nicht evident entgegen. Da der Entstehungsgeschichte zu entnehmen ist, dass das Problem der Zulässigkeit der Schuldunterschreitung weitaus weniger Beachtung gefunden hat als das der Schuldüberschreitung, hat sich die Legitimität der Unterschreitung der schuldangemessenen Strafe nach anderen Methoden als der historischen zu bestimmen.

Da die Grundlagenformel, wie beabsichtigt, beliebiger Ausdeutung zugänglich ist,[73] enthält die Entwicklungsgeschichte nicht – wie von Mezger eingangs gefordert – die Lösung der Strafzweckantinomie mittels Vorrangdefinition, sondern ist wesentlicher Grund für die Existenz des Problems.

---

[70] Selbst diejenigen, die eine Schuldüberschreitung auf Grund der Spezialprävention gefordert hatten, lehnten dies ausdrücklich ab, vgl. *Müller-Emmert*, Prot. V, S. 2235.

[71] *Dreher*, Prot. V, S. 2232.

[72] Erster schriftlicher Bericht des Sonderausschusses, BT-Drucks. V 4094, S. 5.

[73] Dies in der Großen Strafrechtskommission bemängelnd *Bockelmann*, Niederschr. Band XII (1959), S. 47; *Lange*, Niederschr. Band XII (1959), S. 51, 57; *Gallas*, Niederschr. Band XII (1959), S. 55; *Welzel*, Niederschr. Band XII (1959), S. 55; *Koffka*, Niederschr. Band XII (1959), S. 58 ff.; *Stratenwerth*, Tatschuld und Strafzumessung (1972), S. 13: „gesetzgeberische Fehlleistung von besonderem Rang"; auch die auf dem 43. Deutschen Juristentag 1962 Vertretenen bemängelten diese Ausgestaltung, vgl. *Roxin*, ZStW 77 (1965), S. 60 ff.

## 2. Zur Nachweisbarkeit präventiver Effekte

Gallas[74] hatte bereits während der Sitzungen der Großen Strafrechtskommission bezweifelt, dass die notwendigen Erkenntnismittel für ein unmittelbar präventives Strafrecht vorlägen. In einem vorrangig präventiv bestimmten Strafzumessungsrecht ist es jedoch notwendig darzulegen, dass die behaupteten Wirkungen eintreten,[75] und Erfahrungssätze[76] aufzuzeigen, die das Gericht dazu befähigen, die präventive Effektivität einer bestimmten Strafmaßentscheidung im Einzelfall zu prognostizieren.[77] Denn bei der Bemessung der Strafe nach vorrangig präventiven Erwägungen handelt es sich nicht wie bei der Schuld um ein normatives Urteil, sondern um ein prädikatives, nach einer gewissen Zeit prinzipiell überprüfbares Urteil.

### a) Spezialprävention

Gemäß § 46 Abs. 1 S. 2 StGB hat das Gericht die Auswirkungen der Strafe auf das künftige Leben des Täters bei der Strafzumessung zu berücksichtigen. Vor dem Hintergrund des Antinomieproblems ist zu prüfen, ob der Richter – unter Heranziehung des Erfahrungswissens – die von ihm primär unter Schuldgesichtspunkten bestimmte Strafe auf Grund spezialpräventiver Erwägungen modifizieren kann. Dabei gilt es, zwei Hürden zu nehmen: erstens eine valide, individuelle Legalprognose anhand wissenschaftlich hinreichend gesicherter Erfahrungssätze[78] überhaupt zu treffen sowie zweitens das Ergebnis der Legalprognose in eine konkrete Strafgröße umzuwerten. Probleme im Hinblick auf die Sozialisation mittels Strafvollzugs werden an anderer Stelle erörtert.[79]

### aa) Die Einzelfallprognose

*(1) Intuitiv*

Von einer intuitiven Prognose des Richters wird gesprochen, wenn dieser eine strafzumessungsrechtliche Entscheidung seinen eigenen intuitiven Einschätzungen, die etwa auf Menschenkenntnis, Berufserfahrung, Gefühl etc. beruhen, unterwirft.[80] Genau genommen handelt es sich dabei nicht um eine anerkannte wis-

---

[74] *Gallas*, Niederschr. Band I (1954), S. 40 f.

[75] *Hassemer*, FS-Coing (1982), S. 492 (520).

[76] *Haag*, Rationale Strafzumessung (1970), S. 135 f.; *Giehring*, Ungleichheiten in der Strafzumessungspraxis (1989), S. 102.

[77] *Hassemer*, FS-Coing (1982), S. 492 (520); *Giehring*, Ungleichheiten in der Strafzumessungspraxis (1989), S. 82; *Hart-Hönig*, Gerechte und zweckmäßige Strafzumessung (1992), S. 46.

[78] *Giehring*, Ungleichheiten in der Strafzumessungspraxis (1989), S. 82, 102 f.; *Haag*, Rationale Strafzumessung (1970), S. 135.

[79] S. Kap. C., II., 1., b).

[80] *Schöch*, Kriminologie (2015), § 6 Rn. 8.

senschaftliche Methodik,[81] sondern um ein Behelfsverfahren der Justiz in Fällen, in denen eine klinische Prognose zu zeitraubend und kostenaufwändig wäre,[82] was regelmäßig[83] der Fall ist.

An der Treffsicherheit dieser Methode bestehen allerdings Zweifel. Dies bestätigen monographische Untersuchungen: Ergebnis einer solchen war eine Fehlerquote der intuitiven Prognose von 25 %;[84] eine andere gelangt zu dem Ergebnis, dass vorzeitig Entlassene sowie Vollverbüßer sich hinsichtlich der Rückfallrate nicht unterscheiden.[85] Nun mag man annehmen, dass die Trefferquote sich mit zunehmender Berufserfahrung erhöhe,[86] allerdings ist zu berücksichtigen, dass die meisten Richter keine psychiatrische und psychologische Ausbildung besitzen und damit generell allenfalls eine ungenügende Erhöhung der Treffsicherheit zu verzeichnen wäre. Je längerfristig die Prognose zu treffen ist, desto ungenauer ist diese, weil sich die Rahmenbedingungen ändern (können).[87] Die der Prognose zu Grunde liegenden Umstände bzw. Merkmale[88] des Delinquenten werden nicht offengelegt und entziehen sich demnach jeder Kontrolle durch Falsifikation,[89] was nicht nur eine methodische Ungenauigkeit darstellt, sondern die Gefahr purer Willkür birgt,[90] wenn offensichtlich ist, dass sich die (verborgenen) Prädikatoren von Fall zu Fall ändern[91] und die im Einzelfall notwendige Erforschung der Individualpersönlichkeit in Anbetracht des damit verbundenen zeitlichen Aufwands meist nur oberflächlich vorgenommen wird.[92]

---

[81] *Schöch*, Kriminologie (2015), § 6 Rn. 29.

[82] *Meier*, Kriminologie (2021), § 7 Rn. 38; *Eisenberg/Kölbel*, Kriminologie (2017), § 21 Rn. 17 f.; *Kaiser*, Kriminologie (1997), S. 411.

[83] Nach *Fenn*, Kriminalprognose bei jungen Straffälligen (1981), S. 90 wenden nur 3–5 % der evaluierten Richter wissenschaftliche Prognoseverfahren an.

[84] *Höbbel*, Bewährung des statistischen Prognoseverfahrens im Jugendstrafrecht, S. 249.

[85] *Höfer*, Verhaltensprognose bei jugendlichen Gefangenen, 1977.

[86] *Fenn*, Kriminalprognose bei jungen Straffälligen (1981), S. 211; *Schöch*, Kriminologie (2015), § 6 Rn. 8.

[87] *Schumann*, Prognoseentscheidungen in der strafrechtlichen Praxis (1994), S. 31 (34).

[88] Die Bewertung von relevanten Umständen beruht meist auf „einer vagen kriminologischen Übersicht"; diese ist nicht ohne Weiteres mit Befunden der vertiefenden Forschung vereinbar, vgl. *Eisenberg/Kölbel*, Kriminologie, (2017), § 21 Rn. 10.

[89] *Schumann*, Prognoseentscheidungen in der strafrechtlichen Praxis (1994), S. 31 (34); zur tendenziellen Überschätzung der strafrechtlichen Vorbelastung und anderer Negativmerkmale auf Grund selektiver Wahrnehmung *Meier*, Kriminologie (2021), § 7 Rn. 39.

[90] *Meier*, Kriminologie (2021), § 7 Rn. 39; *Schöch*, Kriminologie (2015), § 6 Rn. 8; es handelt sich um eine „gedankliche Operation eines Vorurteils", vgl. *Bock*, Kriminologie (2019), § 7 Rn. 388.

[91] *Schumann*, Prognoseentscheidungen in der strafrechtlichen Praxis (1994), S. 31 (34).

[92] *Huber*, Prognoseentscheidungen im Strafrecht aus der Sicht des Richters (1994), S. 43 (47 f.).

## (2) Klinisch

Die klinische Prognose wird von Sachverständigen (Psychologen bzw. Psychiatern) mit kriminologischer Erfahrung erstellt, indem u. a. die Täterpersönlichkeit, der Lebenslauf und die Familienverhältnisse begutachtet werden.[93] Die daraus abgeleitete Prognose des Sachverständigen ist für das Gericht nicht bindend; sie wird in einer Vielzahl der Fälle allerdings unkritisch der Strafmaßentscheidung zu Grunde gelegt.[94] Dabei gibt es gute Gründe, Zweifel an der Validität einer solchen Prognose zu haben. Bereits aus der Tatsache, dass es zur Feststellung einer Legalprognose nicht ausreicht, ausgebildeter Psychiater/Psychologe zu sein, sondern eines kriminologischen Bezugswissens bedarf,[95] lässt sich schließen, dass einige Sachverständige treffsicherer sind als andere; einigen Sachverständigen mangelt es schlicht an der erforderlichen Kompetenz.[96] Äußerlich sind die Gutachten häufig zu kompliziert in Aufbau, Darstellung und Sprache.[97] Grundannahmen sowie Anknüpfungstatsachen, die der Begutachtung zu Grunde liegen, sind praktisch nicht überprüfbar.[98] Zwar wurden bereits Kriterienkataloge entwickelt, die es Laien ermöglichen sollen, Prognosegutachten im Hinblick auf Transparenz und Plausibilität zu überprüfen (Strukturprognose).[99] Dass mittels dieser Kriterienkataloge eine valide Kriminalprognose über Durchschnittstäter getroffen werden kann, ist allerdings zu bezweifeln, da die der Prognose zu Grunde liegenden Kriterien/Prädikatoren ihrerseits anhand von Extremgruppen entwickelt wurden, die regelmäßig auch psychopathologische Auffälligkeiten[100] zeigten, ohne Vergleichsgruppen aus der Durchschnittspopulation miteinzubeziehen.[101] Außerdem sind die Prädikatoren zu größten Teilen ausschließlich vergangenheitsorientiert.[102] Und das wohl gewichtigste Problem der klinischen Pro-

---

[93] *Eisenberg/Kölbel*, Kriminologie (2017), § 21 Rn. 19; *Schöch*, Kriminologie (2015), § 6 Rn. 9.

[94] *Huber*, Prognoseentscheidungen im Strafrecht aus der Sicht des Richters (1994), S. 43 (48 f.); ein Gutachten soll den Richter in die Lage versetzen, die sich in Zusammenhang mit der Prognose stellenden Rechtsfragen eigenverantwortlich zu beantworten, vgl. BVerfGE 109, 133, Rn. 116.

[95] *Schöch*, Kriminologie (2015), § 6 Rn. 9.

[96] *Eisenberg/Kölbel*, Kriminologie (2017), § 21 Rn. 17 f.; ausführlich zu Urteilsverzerrungen, ausgehend von einer „Kompetenzillusion", *Rettenberger/Eher*, Recht und Psychiatrie 2016, S. 50 (52 ff.).

[97] *Huber*, Prognoseentscheidungen im Strafrecht aus der Sicht des Richters (1994), S. 43 (44).

[98] *Huber*, Prognoseentscheidungen im Strafrecht aus der Sicht des Richters (1994), S. 43 (44); zur Notwendigkeit der Darstellung von Anknüpfungs- und Befundtatsachen im Gutachten BVerfGE 109, 133 Rn. 116.

[99] Siehe eine Liste von Risikovariablen bei *Nedopil/Müller*, Forensische Psychiatrie (2017), 352.

[100] *Schöch*, Kriminologie (2015), § 6 Rn. 9.

[101] *Bock*, Kriminologie (2019), § 7 Rn. 386.

[102] *Spieß*, Kriminalprognose, S. 290 f.

gnose besteht darin, dass häufig nicht klar ist, ob die klinische Diagnose überhaupt für Kriminalität allgemein spezifisch ist und ob dies auch im Einzelfall für
die Legalität des Delinquenten relevant ist.[103]

Die insoweit gegen eine Validität sprechenden Gründe werden im Ergebnis
jedenfalls durch Studien aus den USA bestätigt, wenn konkludiert wird, dass
es keinen empirischen Beleg dafür gebe, dass ein Psychiater auf der Basis kli-
nischer Urteilsbildung besser in der Lage ist, denjenigen zu identifizieren, der
gefährliches Verhalten zeigen wird, als jeder, der sich auf Zufallswahrscheinlich-
keiten stützt.[104]

Eine Studie von Monahan[105] hat gezeigt, dass die Gefährlichkeit von 40 aus
100 Delinquenten überschätzt wird, was sich zum einen daraus ergibt, dass Sachverständige keine Rückmeldung über zu Unrecht festgehaltene Straftäter erhalten, da diese keine Möglichkeit haben, die negative Legalprognose durch straffreies Leben außerhalb des Strafvollzugs zu widerlegen.[106] Zum anderen reagiert
die Öffentlichkeit im Falle des Rückfalls trotz positiver Legalprognose kritischer
als im umgekehrten Fall;[107] der Gutachter wird deshalb im Zweifelsfall eher ‚auf
Nummer sicher gehen‘ und eine negative Legalprognose aussprechen.

*(3) Statistische Prognose*

Statistische Untersuchungen können zwar allgemeine Aussagen über die
Wahrscheinlichkeit des Rückfalls des Delinquenten auf Grund eines ihm anhaf-
tenden Merkmals treffen, erlauben allerdings keine auf die Persönlichkeit des
individuellen Täters zugeschnittene Kriminalprognose.

Grundannahme der statistischen Prognose ist es, dass die Rückfallwahrschein-
lichkeit höher ist, je mehr kriminogene Merkmale (Prädikatoren) bei einer Person
vorliegen.[108] Die Prädikatoren werden mittels Vergleichsuntersuchungen von
Rückfalltätern und Nichtrückfalltätern gewonnen, indem überprüft wird, welche
Merkmale besonders hoch mit einer Rückfälligkeit korrelieren.[109] Für diese
Merkmale werden sog. Schlechtpunkte vergeben. Im Ergebnis soll die Methode

---

[103] *Bock*, Kriminologie (2019), § 7 Rn. 385.

[104] *Rasch*, Verhaltenswissenschaftliche Kriminalprognosen (1994), S. 17.

[105] *Monahan*, The clinical prediction of violent behavior (1981), S. 70.

[106] *Montandon*, Actualités bibliographiques: La dangerosité. Revue de la littérature
anglosaxonne (1979), 89 (95).

[107] Ebenda.

[108] *Meier*, Kriminologie (2021), § 7 Rn. 25 ff.; *Schöch*, Kriminologie (2015), § 6
Rn. 10.

[109] *Eisenberg/Kölbel*, Kriminologie (2017), § 21 Rn. 21; *Meier*, Kriminologie (2021),
§ 7 Rn. 25 ff.

erlauben, einer bestimmten Gruppe von Merkmalsträgern eine bestimmte Rückfallwahrscheinlichkeit zuzuordnen.[110]

In erster Linie sind methodische Einwände vorzubringen. So knüpft die Methode zunächst an Vergleiche von Rückfalltätern mit einstigen Delinquenten an, die nicht rückfällig geworden sind. Es mangelt an prospektiven Stichproben noch nicht strafrechtlich in Erscheinung getretener Personen,[111] was letztlich zu einer Überschätzung der Kriminalität führt.[112] Zudem lassen sich die Prädikatoren schon deshalb nicht zuverlässig ermitteln, weil sich keine Probe aus dem Dunkelfeld[113] entnehmen lässt. Prädikatoren lassen sich nur so lange validieren, wie keine essentielle Änderung der (sozialen) Rahmenbedingungen[114] erfolgt. Zudem geht jede statistische Erhebung davon aus, dass die Vollstreckung der Strafe die Wahrscheinlichkeit des Rückfalls nicht beeinflusse,[115] was, wie noch zu zeigen sein wird,[116] falsch ist. Letztlich mangelt es der Methode auch an Treffsicherheit;[117] im Bereich der alltäglichen Kriminalität, dem die meisten Täter zuzuordnen sind, mangelt es insbesondere an Korrektheit, weil die im Rahmen der Prognose zu berücksichtigenden Täter- und sonstigen Merkmale bei der Mehrheit der Täter nur selten beträchtlich und noch seltener extrem ausgeprägt sind.[118] Es lassen sich allenfalls Aussagen derart treffen, dass ein Delinquent, der zu einer Gruppe gehört, die zu x% rückfällig wird, mit einer Wahrscheinlichkeit von (100-x)% keine Straftaten mehr begehen wird; Aussagen über den konkreten Einzelfall lassen sich nicht treffen,[119] solange niemand sagen kann, ob der Delinquent nun im Einzelfall zu den x% oder zu den (100-x)% gehört.[120] Deshalb ist es wenig verwunderlich, dass die statistische Methode selten eine Trefferquote von 70% überschreitet.[121]

---

[110] *Göppinger*, Kriminologie (2008), § 14 Rn. 32; *Eisenberg/Kölbel*, Kriminologie (2017), § 21 Rn. 21 f.; *Schöch*, Kriminologie, (2015), § 6 Rn. 11.

[111] *Schumann*, Prognoseentscheidungen in der strafrechtlichen Praxis (1994), S. 31 (36); zum Problem der „false alarms" *Bock*, Kriminologie (2019), § 7 Rn. 376.

[112] *Schöch*, Kriminologie (2015), § 6 Rn. 25; *Spieß*, Kriminalprognose, S. 291.

[113] *Schöch*, Kriminologie (2015), § 6 Rn. 28; *Meier*, Sanktionen (2015), S. 30; *Bock*, Kriminologie (2019), § 7 Rn. 381.

[114] *Eisenberg/Kölbel*, Kriminologie (2017), § 21 Rn. 22; *Schöch*, Kriminologie (2015), § 6 Rn. 29.

[115] *Schöch*, Kriminologie (2015), § 6 Rn. 30.

[116] Kap. C., II., 1., b).

[117] *Stadtland/Nedopil*, MschKrim 2004, 77 ff.; *Suhling/Rehder*, FPPK 2012, 17 ff.

[118] *Schöch*, Kriminologie (2015), § 6 Rn. 25.

[119] *Meier*, Kriminologie (2021), § 7 Rn. 29.

[120] *Göppinger*, Kriminologie (2008), § 14 Rn. 32; *Schäfer/Sander/Van Gemmeren*, Strafzumessung (2017), Rn. 201.

[121] *Rasch*, Verhaltenswissenschaftliche Kriminalprognosen (1994), S. 34; eine Fehlerrate von 25% feststellend *Höbbel*, Bewährung des statistischen Prognoseverfahrens im Jugendstrafrecht, S. 263.

*(4) Methode der idealtypisch-vergleichenden Einzelfallanalyse*

Diese Methode versucht die Defizite der übrigen Methoden auszugleichen. Letztlich stellt sie eine objektivierte klinische Prognose für psychiatrische bzw. psychologische Laien dar,[122] die eine spezifisch kriminologische Betrachtungsweise ermöglichen soll, indem nur solche Gesichtspunkte für die spätere Prognose berücksichtigt werden sollen, hinsichtlich derer der Delinquent sich wiederholt von der Durchschnittspopulation unterscheidet.[123]

Dieses Konzept wird in drei Schritten durch den Rechtsanwender umgesetzt:[124] Zunächst wird das Verhalten des Täters von der Geburt bis zur Gegenwart betrachtet (Lebenslängsschnitt) und sodann einerseits mit idealtypischem Verhalten von wiederholt Straffälligen und andererseits mit dem von Durchschnittsbürgern verglichen und anschließend zwischen diesen beiden Extremen eingeordnet. Sodann wird der Zeitraum von der Tat bis zur Gegenwart herangezogen (Querschnittbetrachtung) und auf das Vorliegen etwaiger kriminogener Kriterien geprüft. Letztlich wird anhand der Analyse der Persönlichkeit sowie der Interessen des Delinquenten der Versuch unternommen, dessen Wertorientierung zu ermitteln.

Auch wenn diese Methode den Vorteil bietet, eine auf den Einzelfall bezogene Analyse vorzunehmen, so ist die Umwandlung dieser Analyse in eine konkrete Prognose höchst problematisch. Zunächst trifft diese Methode derselbe Einwand wie die intuitive sowie die klinische Prognose: Es bedarf mindestens gewisser Berufserfahrung, um die vielfältigen Befunde richtig zu gewichten,[125] weshalb in Ermangelung einer solchen stets die Gefahr einer willkürlichen, nicht sachgerechten Gewichtung steht. Darüber hinaus ist problematisch, dass die Idealtypen inhaltlich keiner umfassenden intersubjektiven Kontrolle unterzogen werden können.[126] Außerdem dient die Methode primär der Diagnose und Prognose bei Vermögensdelikten und bedarf ständiger Aktualisierung bei Änderung der Rahmenbedingungen.[127]

Im Ergebnis ermöglicht auch dieses Verfahren keine treffsichere Legalprognose.

*(5) Künstliche Intelligenz*

In den USA wird bereits künstliche Intelligenz zur Berechnung der Rückfallwahrscheinlichkeiten von Tätern eingesetzt.[128] Die bekannteste Software in die-

---

[122] *Göppinger*, Kriminologie (2008), § 15 Rn. 16.
[123] *Göppinger*, Kriminologie (2008), § 15 Rn. 19.
[124] Ausführlich zur Methode *Göppinger*, Kriminologie (2008), § 15.
[125] *Schöch*, Kriminologie (2015), § 6 Rn. 30.
[126] *Schneider*, Grundlagen der Kriminalprognose (1996), S. 213.
[127] *Schneider*, Grundlagen der Kriminalprognose (1996), S. 215 f.
[128] *Ofterdinger*, ZIS 2020, S. 404.

sem Bereich ist „COMPAS" von der Firma Equivant, die in New York, Wisconsin und Kalifornien bereits zum Einsatz kommt.[129] Zur Gewinnung der Daten, die in die Software eingegeben werden, müssen Probanden (Täter) 137 Fragen hinsichtlich kriminogener Faktoren wie sozialem Status, sozialem Umfeld, Familienhintergrund, Beschäftigungsverhältnis etc. beantworten.[130] Die Erhebung der Daten entspricht im weitesten Sinne dem statistischen Verfahren. Ferner können in die Software die Rohdaten des Einzelfalles eingepflegt werden. Als Resultat erhält der Eingebende eine Vorhersage über das Risiko erneuter Rückfälligkeit, ausgedrückt in leichter, mittlerer oder hoher Rückfallwahrscheinlichkeit.[131] Der dahinterstehende Algorithmus ist ein Firmengeheimnis.[132]

Dieser Software wird allerdings ein „Machine Bias"[133] vorgeworfen: Nicht nur über die Hälfte aller Vorhersagen für hohe Rückfallwahrscheinlichkeiten sind unzutreffend, sondern im Speziellen war die Anzahl der „false-positives" bei dunkelhäutigen Personen doppelt so hoch wie bei hellhäutigen.

Es wird zwar argumentiert, das Problem liege nicht an der „Maschine", sondern an den eingegebenen Daten,[134] jedoch lässt die erhebliche Fehlerquote gerade deshalb den Schluss zu, dass die statistische Methode auch unter Heranziehung fortgeschrittener Technologie (noch) nicht im Stande ist, verlässliche Vorhersagen zu treffen. Es muss insgesamt angezweifelt werden, ob eine solche Vorhersage überhaupt vollständig rationalisierbar ist, denn auch eine künstliche Intelligenz wird nie eine Fehlerquote von 0 % haben, sondern sich dieser nur annähern. Dass der dahinterstehende Algorithmus dem Angeklagten in Deutschland offengelegt werden müsste, soweit er den grundrechtssensiblen Bereich der Straferhöhung berührt, bedarf im Hinblick auf Art. 103 II GG keiner weiteren Erörterung.

### (6) Zusammenfassung

Die vorgestellten Methoden erlauben es nicht, im Einzelfall eine treffsichere Kriminalprognose zu treffen.

Insbesondere die praktisch wohl am häufigsten angewandte Methodik – die intuitive Prognose – entzieht sich jedweder rechtsstaatlich notwendigen Überprüfbarkeit und geht damit im Ergebnis zu Lasten des Delinquenten, der die Feststellung des Gerichts meist hinnehmen wird. Ebenso ist es bei der klinischen Prognose, welcher es an inhaltlicher Überprüfbarkeit mangelt. Diese hat allein

---

[129] *Kirkpatrick*, Communications of the ACM 2017, S. 21 f.

[130] *Angwin/Larson/Mattu/Kirchner*, Machine Bias (2016).

[131] Ebenda.

[132] *Ofterdinger*, ZIS 2020, S. 404 (405).

[133] *Angwin/Larson/Mattu/Kirchner*, Machine Bias (2016).

[134] *Kirkpatrick*, Communications of the ACM 2017, S. 21 f.

den Vorteil, dass der Delinquent selbst ein konträres Gutachten vorlegen kann. Die statistische Methode ist in Anbetracht ihrer präjudiziellen Wahrscheinlichkeitsgrenzen abzulehnen. Wie gezeigt wurde, vermag kein Richter, Staatsanwalt oder Psychiater/Psychologe mit Sicherheit festzustellen, ob der Delinquent rückfällig wird; es besteht stets nur eine Wahrscheinlichkeit. Deshalb liegt es in der Natur der Sache, dass diese Prognose mit Zweifeln bzw. mit einer Fehlerquote behaftet ist. In den meisten Fällen wird die präventiv indizierte Strafe auf Grund einer reinen Vermutung verhängt. Über diese Erkenntnis kommen auch Verfechter vorrangig spezialpräventiver Strafzumessung nicht hinweg.[135]

### bb) Zur Umsetzung der Kriminalprognose in eine konkrete Strafgröße

Zwar bestehen ernsthafte Zweifel an der Möglichkeit, überhaupt eine valide Kriminalprognose zu treffen, jedoch verschärft sich das Problem, wenn das Ergebnis der Individualprognose durch den Richter nun in ein konkretes Strafmaß umgesetzt werden muss.

Dieses Unterfangen wird von Lackner[136] mit Recht für „aussichtslos" gehalten. Eine spezialpräventiv begründete, zeitliche Begrenzung der Strafe ist mit Blick auf die Zukunft unmöglich.[137] Solange keine verifizierbaren Kriterien bekannt sind, die eine Umsetzung ermöglichen würden,[138] müsste der Täter so lange festgehalten werden, bis er endgültig gebessert ist.[139]

Dies hindert die Rechtswissenschaft nicht daran, Vorschläge zu unterbreiten, wie hoch eine Strafe zwecks Besserung des Täters sein müsste. Insoweit bestehen einige Schätzungen: Peters[140] meint, sechs Monate bis vier Jahre seien erforderlich; Grassberger[141] ist in Übereinstimmung mit Schaffstein[142] der Ansicht, zur Resozialisierung bedürfe es einer Strafe von ein bis eineinhalb Jahren; Schüler-Springorum[143] spricht sich für eine optimale Einwirkungsdauer von ein bis zwei Jahren aus. Und auch v. Liszt[144] gab eine Schätzung ab: Er hielt ein bis fünf Jahre zur Resozialisierung des besserungsfähigen Täters für optimal.

---

[135] *Lüderssen*, Abschaffen des Strafens? (1995), S. 149.

[136] *Lackner*, Über neue Entwicklungen in der Strafzumessungslehre (1978), S. 29.

[137] *Henkel*, Die „richtige" Strafe (1969), S. 48.

[138] *Horn*, in: SK-StGB, 7. Aufl., § 46 Rn. 26; zust. *Stratenwerth*, Was leistet die Lehre von den Strafzwecken? (2018), S. 19.

[139] *Roxin*, JuS 1966, 377 (379); *ders.*, GA 2015, 185 (191).

[140] *Peters*, Grundprobleme der Kriminalpädagogik (1960), S. 179.

[141] *Graßberger*, ÖJZ 1961, 169 (174).

[142] *Schaffstein*, FS-Henkel (1974), S. 215 (219).

[143] *Schüler-Springorum*, MschrKrim 52 (1969), S. 1 (12).

[144] *v. Liszt*, Strafrechtliche Vorträge und Aufsätze (1905), S. 171; *ders.*, Der Zweckgedanke im Strafrecht, ZStW 3 (1883), S. 1 (41).

Die divergierenden Schätzungen zeigen, dass eine Generalisierung der ihrem Wesen nach individuellen Spezialprävention nicht möglich ist: Die zur individuellen Resozialisierung notwendige Dauer hängt von vielen nicht generalisierbaren Faktoren wie der konkreten Strafvollzugsanstalt, dem Maß an Freiwilligkeit sowie der Resilienz des Gefangenen u. v. m. ab, sodass eine Generalisierung des Individuellen derzeit scheitern muss.

Gemeinsam ist diesen Schätzungen allein, dass es einen Zeitpunkt gibt, der den Absprung in das soziale Leben erschwert,[145] dass der Freiheitsentzug nicht zwangsläufig bessernde Wirkung hat, a fortiori nicht proportional zur Länge der Haft.[146] Ab welcher Strafhöhe die Entsozialisierung des Täters durch die Strafe wahrscheinlicher ist als dessen Resozialisierung, ist ebenfalls höchst unterschiedlich beurteilt worden: Nach Schaffstein[147] sind Strafen von über vier bis fünf Jahren auf Grund der mit der Strafe verbundenen Gewöhnung und Abstumpfung resozialisierungsfeindlich; Grassberger[148] hingegen nimmt eine maximale Strafdauer von einneinhalb Jahren an.

Zwar korrelieren die Schätzungen, allerdings divergieren sie derart, dass nicht gefolgert werden kann, nach derzeitigem Forschungsstand lasse sich sowohl generell als auch individuell sagen, wie hoch die Strafe zwecks Besserung zu sein habe oder welche Dauer sie jedenfalls nicht übersteigen dürfe. Schöch[149] hat Recht behalten, als er 1975 erklärte,

„kriminologisch fundierte Aussagen über bestimmte, spezialpräventiv optimale Strafhöhen [sind] zwar nicht denkgesetzlich unmöglich, sie liegen aber bisher nicht vor und sind bei realistischer Beurteilung der Forschungsmöglichkeiten in absehbarer Zeit nicht zu erwarten".

### cc) Zusammenfassung

Es lässt sich im Einzelfall keine valide spezialpräventive Prognose treffen, die angesichts der methodischen Probleme wissenschaftlich fundiert ist, sie ist vielmehr ein Zufallsprodukt. Aus wissenschaftlicher Sicht lässt sich keine generelle Aussage über die zur individuellen Resozialisierung notwendige Dauer einer Freiheitsstrafe feststellen, was, da Menschen individuell heterogen auf die Haft reagieren (können), wenig verwundert.

---

[145] *Peters*, Grundprobleme der Kriminalpädagogik (1960), S. 178.

[146] *Neumann/Schroth*, Neuere Theorien (1980), S. 22 f.; *Streng*, Sanktionen (2012), Rn. 541 f.

[147] *Schaffstein*, FS-Henkel, 1974, S. 215 (219).

[148] *Graßberger*, ÖJZ 1961, S. 169 (174).

[149] *Schöch*, FS-Schaffstein (1975), S. 255 (258); *ders.*, Prognoseentscheidungen in der strafrechtlichen Praxis (1994), S. 185 (187); s. a. *Henkel*, Die „richtige" Strafe (1969), S. 48; *Horn/Wolters*, SK-StGB, § 46, Rn. 27; *Meier*, Sanktionen (2015), S. 26; zust. *Frisch*, FS-Maiwald (2010), S. 239 (247).

### b) Generalprävention

### aa) Negative Generalprävention

Für die negative Generalprävention gilt dasselbe wie für die Spezialprävention: Es bedarf der Darlegung der generell von Strafe ausgehenden abschreckenden Wirkung, einer falsifizierbaren Formel, nach welcher ein Abschreckungsbedürfnis im Einzelfall feststellbar ist, und letztlich des Nachweises, dass die Modifikation des Strafmaßes eine Modifikation des Abschreckungseffektes bedingt.

### (1) Zur Abschreckungswirkung der Strafe

Um das Schuldstrafmaß auf Grund negativ generalpräventiver Bedürfnisse im Einzelfall modifizieren zu können, bedarf es zunächst der Darlegung, dass von der Strafe allgemein, d. h. von der Gefahr der Strafe, ihrer Androhung schlechthin, eine abschreckende Wirkung ausgeht.

(a) Zunächst verfängt der rationale Einwand nicht, das bloße Vorhandensein von Kriminalität spreche bereits gegen die generelle Abschreckungswirkung des Strafrechts,[150] da ebenso im Gegenteil damit argumentiert werden kann, dass die Mehrheit der Gesellschaft keine Straftaten begeht.[151]

(b) Zu meinen, die Effizienz der Generalprävention wäre nachweisbar, wenn festgestellt werden könne, dass eine bestimmte Verhaltensweise nach einer Entkriminalisierung öfter oder weniger oft ausgeübt werden würde,[152] mag im Hinblick auf die Existenz des Strafrechts stimmen, doch setzen die folgenden Ausführungen das Strafrecht voraus, fragen danach, ob bei Existenz des Strafrechts eine abschreckende Wirkung festgestellt werden kann.

(c) Die statistische Methode[153] ist mit einigen hier exemplarisch dargestellten Schwierigkeiten behaftet: Zunächst ist in den Statistiken das Dunkelfeld nicht erfasst,[154] sodass die Abschreckungswirkung tendenziell idealisiert wird. Zudem lässt sich ein Zusammenhang zwischen Kriminalitätsrate und Strafverfolgung

---

[150] *Berner*, Lehrbuch des deutschen Strafrechts (1871), S. 11; m.E. auch *Bockelmann*, JZ 1951, S. 494 (495); *Dubber*, ZStW 117 (2005), 485 (491).

[151] *Roxin/Greco*, Strafrecht AT I (2020), S. 142; *Greco*, Feuerbach (2009), S. 375 f.

[152] *Stojanovic*, FS-Kühl (2014), S. 473 (481); *Frisch*, FS-Maiwald (2010), S. 239 (243).

[153] Z. B. bei *Rabl*, Strafzumessungspraxis und Kriminalitätsbewegung (1936), der zu dem Ergebnis kommt: „Eine Einflußnahme der Strafenpraxis auf die Kriminalität läßt sich nicht beweisen."; *Kaiser*, MschrKrim 60 (1977), S. 41 (46) Fn. 13 m.w.N. zu den meist aus dem angloamerikanischen Raum stammenden Studien zu Korrelationen zwischen Bestrafungspraxis und Kriminalitätsrate anhand offizieller Statistiken.

[154] *Dölling*, ZStW 102 (1990), S. 4; ausführlich zu den methodischen Schwierigkeiten und negativen Befunden der Dunkelfeldforschung *Bock*, Kriminologie (2019), § 19 Rn. 833 ff.; *Stojanovic*, FS-Kühl (2014), S. 473 (481).

nicht falsifizieren.[155] Die Studien sind zuweilen sehr undifferenziert, erlauben keinen Rückschluss darauf, was am Kriminalisierungsprozess im Einzelnen abschreckend wirkt.[156] Ferner setzt ein solch empirisches Unternehmen voraus, dass die unterschiedlichen Regionen oder Zeitabschnitte hinsichtlich ihrer Bestrafungspraxis divergieren, in allen übrigen kriminologisch notwendig zu betrachtenden Variablen, wie z. B. der „Wirtschafts-, Bevölkerungs-, und Sozialstruktur, Urbanisierung, gesellschaftliche[r] Moralvorstellungen, Staatsverfassung",[157] einander hingegen entsprechen, was sehr selten ist.[158]

(d) Der Aussagekraft *repräsentativer Befragungen*[159] steht zunächst der gegenüber Umfragen generell geltend zu machende Einwand entgegen, dass die Anzahl der Befragten enorm hoch sein müsste, um die Ergebnisse auch nur annähernd intersubjektiv überprüfbar zu machen, und zudem auf Grund wechselnder, die Antworten der Befragten beeinflussender Faktoren nur zeitlich begrenzt bestehen könnte. Zudem wird von den Befragten die Geltung des Strafrechts vorausgesetzt, sodass diese ihre Einschätzungen nur in dessen Rahmen geben können,[160] weshalb die Kausalität der Strafe für eine gewisse Abschreckung zumindest nicht eindeutig ableitbar ist. Letztlich erheben diese Befragungen nicht den gesuchten Zusammenhang zwischen Strafe und Abschreckung, sondern die Meinung der Befragten über diesen Zusammenhang, der auf Irrtümern und Fehleinschätzungen beruhen kann.[161]

(e) Die dargestellte Kritik an der empirischen Methodik ist berechtigt und steht dem Bemühen, einen Abschreckungseffekt empirisch zu verifizieren, entgegen.[162] Dennoch führt dies nicht zu einem Konsens im Hinblick auf eine fehlende Nachweisbarkeit negativ-generalpräventiver Effekte. Vielmehr reicht die Spannbreite zahlreicher nationaler sowie internationaler Untersuchungen von der Ansicht, die „generalpräventive Funktion des Strafrechts [sei] durchaus empirisch fundiert",[163] über die Feststellung, dass sich eine solche Wirkung nicht verifizieren lasse,[164] bis hin zur Annahme, eine solche Wirkung sei widerlegt.[165]

---

[155] *Dölling*, ZStW 102 (1990), S. 4; *Rabl*, Strafzumessungspraxis und Kriminalitätsbewegung (1936), S. 46 f.

[156] *Kaiser*, MschrKrim 60 (1977), S. 41 (47).

[157] *Schöch*, FS-Jescheck (1985), S. 1081 (1085).

[158] *Bock*, Kriminologie (2019), § 19 Rn. 867.

[159] Z. B. *Coors*, Generalprävention als Strafzumessungserwägung (1963); *Schöch*, FS-Jescheck (1985), S. 1081 (1087 ff.).

[160] *Dölling*, ZStW 102 (1990), 7.

[161] *Bock*, Kriminologie (2019), § 19 Rn. 867.

[162] *Dölling*, Strafe (2013), S. 1329 (1332); *Schöch*, Strafzumessung und Verkehrsdelinquenz (1973), S. 89; *Haag*, Rationale Strafzumessung (1970), S. 158; *Zipf*, Strafmaßrevision (1969), S. 108 f.

[163] *Schöch*, FS-Jescheck (1985), 1081 (1103 f.); in diesem Sinne auch *Curti*, Abschreckung durch Strafe (1999), S. 177; für weitere Nachweise insb. aus dem Ausland vgl. *Greco*, Feuerbach (2009), Fn. 701 f.

Innerhalb der zweiten Gruppe derer, die meinen, die Abschreckungsprävention sei nicht ausreichend empirisch fundiert, gibt es einige Autoren, die meinen, das Abschreckungsbedürfnis lasse sich zwar nicht erfahrungswissenschaftlich beweisen, dies erlaube jedoch nicht den Schluss, dass die abschreckende Wirkung schlechthin nicht vorhanden sei, sie lasse sich vielmehr aus der allgemeinen Lebenserfahrung ableiten.[166]

Dieser Meinungspluralismus war der Grund für die Untersuchung Spirgaths[167], der 660 verschiedene nationale sowie internationale Studien zur Abschreckungsprävention ausgewertet hat und dabei zu dem Ergebnis kam, dass von Strafe ein genereller Abschreckungseffekt ausgehe, dass die Frage nach der abschreckenden Wirkung der Strafe allerdings noch nicht abschließend geklärt sei.[168]

(f) Heute deutet nichts darauf hin, dass in naher Zukunft eine Untersuchung veröffentlicht wird, die den Abschreckungseffekt der Strafe zwingend und allgemeingültig beweisen bzw. widerlegen kann; der von der Strafe ausgehende Abschreckungseffekt ist derzeit jedenfalls nicht intersubjektiv überprüfbar. Für die weitere Diskussion ist es entscheidend anzunehmen, dass eine Abschreckungswirkung der Strafe nicht ausscheidet, denn nur dann kann die Modifizierung der Strafhöhe ein Teilaspekt dieser Wirkung sein.

*(2) Zur Modifikation des Abschreckungseffekts durch Modifikation des Strafmaßes*

Dass durch die Erhöhung des Strafmaßes ein messbar gesteigerter Abschreckungseffekt eintritt, ist in Anbetracht der Ungewissheit über die abstrakte Wir-

---

[164] *Dölling*, ZStW 102 (1990), S. 8; *Mathiesen*, Gefängislogik (1989), S. 71 ff.; *Prittwitz*, Strafrecht und Risiko (1993), S. 212 f. spricht bezüglich der allgemeinen Abschreckung von einer „Effektivitätskrise"; *Schreiber*, ZStW 94 (1982), S. 279 (283); *Seelmann*, KritV 1992, S. 462 f.; *Jäger*, FS-Schüler-Springorum (1993), S. 236; *Hassemer*, Generalprävention (1979), S. 51; *Roxin/Greco*, Strafrecht AT I (2020), § 3 Rn. 30; *Kaiser*, FS-Bockelmann (1979), S. 923 (941); *Bock*, Kriminologie (2019), § 19 Rn. 869; *Streng*, Sanktionen (2012) S. 35.

[165] *Schumann*, KrimJ 1996, S. 293 ff.; *Kargl*, Rechtsgüterschutz durch Rechtsschutz (1995), S. 53 (59, Fn. 30).

[166] *Greco*, Feuerbach (2009), 371 meint, das Strafrecht müsste „nicht auf die Genehmigung der empirischen Wissenschaft warten"; s. auch *Frisch*, FS-Maiwald (2010), S. 239 (244) m.w.N.: „Selbsterfahrung und Fremdbeobachtung belegen, dass der bei bestimmten Verhalten zu erwartende Eintritt eines Übels einen Grund bilden kann, von diesem Verhalten abzusehen [...]."

[167] *Spirgath*, Zur Abschreckungswirkung des Strafrechts: Eine Metaanalyse kriminalstatistischer Untersuchungen (2013); zu den für den Nachweis einer Abschreckungswirkung angemessenen Methoden *Dölling/Entorf/Herrmann/Häring/Rupp/Woll*, Zur generalpräventiven Abschreckungswirkung des Strafrechts: Befunde einer Metaanalyse, Soziale Probleme 17 (2), 2006, S. 193 ff.

[168] *Spirgath*, Zur Abschreckungswirkung des Strafrechts: Eine Metaanalyse kriminalstatistischer Untersuchungen (2013), S. 342 ff.

kung der negativen Generalprävention bereits fraglich. Die Lieferung eines empirischen Beweises scheitert schon an der ersten Voraussetzung: Sofern die Adressaten überhaupt Kenntnis von dem Urteil erlangen,[169] haben sie eine sehr vage Vorstellung vom Strafrecht generell,[170] der notwendige Sachverstand, eine ungeschärfte Schuldstrafe von einer zwecks Abschreckung geschärften zu unterscheiden und entsprechend zu interpretieren, ist regelmäßig absent.[171]

Wenn man der Allgemeinheit keine generelle Unkenntnis unterstellt, sogar davon ausgeht, dass es Täterkreise gibt, die sich in voller Sachkenntnis einer solchen Strafschärfung befinden, so bestehen doch ernsthafte Zweifel daran, dass diese sich dadurch auch motivieren lassen, keine Straftaten zu begehen.[172] Andere Faktoren, welche das (konforme) Verhalten beeinflussen, übertreffen den Einfluss der Strafhöhe.[173] Es wurde eingewandt, dass sich zwar nicht alle, jedoch immerhin einige abschrecken lassen und der gänzliche Verzicht auf Abschreckungsprävention aus diesem Grund daraus jedenfalls nicht abgeleitet werden könne.[174] Dem ist im Ergebnis zuzustimmen, jedoch zeigen die Zweifel an der Motivationswirkung ein wesentliches Defizit der Abschreckungsprävention. Gegen die Möglichkeit der Verifizierung einer solchen Motivierungswirkung ist bereits einzuwenden, dass sie sich methodengerecht überhaupt nicht nachweisen lässt; das menschliche Handeln erklärt sich nicht zureichend als ein Motivierungsmechanismus, vielmehr ist eine „Dimension der Selbstbestimmung über allen individuellen und überindividuellen Motivbestimmungen anzusetzen".[175] Tatsächlich kann davon ausgegangen werden, dass ein Großteil der Straftäter seine Taten nicht auf Grund einer rationalen Kosten-Nutzen-Rechnung begeht.[176] Der sog. „Homo oeconomicus", der aufmerksam Chancen und Risiken gegeneinander abwägt, gehört nicht zur Mehrheit der Straffälligen, sondern ist nur in speziellen Täterkreisen, wie in der organisierten Kriminalität oder bei bestimmten Wirtschaftsstraftaten, anzutreffen.[177] Das Verhalten von Menschen wird maßgeblich

---

[169] *Schmidt*, ZStW 67 (1955), S. 177 (193): „Der Kreis derjenigen, die vom Urteil erfahren, ist meistens sehr klein und überdies völlig zufällig zusammengesetzt. Ob es gerade diejenigen sind, die es als ‚Gleichgesinnte' nötig haben, bleibt völlig ungewiß."

[170] *Smaus*, Strafrecht und Kriminalität in der Alltagssprache (1985), S. 39 ff.

[171] *Hassemer*, Generalprävention (1979), S. 44.

[172] *Hart-Hönig*, Gerechte und zweckmäßige Strafzumessung (1992), S. 47; *Kargl*, Strafrecht, 2019, 4. Kapitel, Rn. 83; *Hassemer*, Generalprävention (1979), S. 45.

[173] Z.B. von sozialen Gruppen ausgehender Druck oder die im Sozialisationsprozess erfolgte Internalisierung normkonformer Werte und Verhaltensmuster, vgl. *Müller-Dietz*, Präventive Wirkung lebenslanger Freiheitsstrafe (1978), S. 111.

[174] *Greco*, Feuerbach (2009), S. 373: „[...] aus der Tatsache, dass die vorzulegenden Gründe nicht immer zu Motiven werden, folgt noch nicht, dass es sinnlos wäre, überhaupt einem Menschen Gründe vorzulegen."

[175] *Köhler*, Strafzumessung (1983), S. 43.

[176] *Frister*, Strafrecht AT (2020), 2. Kapitel, Rn. 10; *Kaspar*, Verhältnismäßigkeit (2014), S. 228; *Stratenwerth*, Was leistet die Lehre von den Strafzwecken? (2018), S. 9.

[177] *Kargl*, Strafrecht (2019), 4. Kapitel, Rn. 82.

vom antizipierten Verlustrisiko bestimmt; Personen verhalten sich grundsätzlich risikoavers.[178] Dies zeigt sich auch im Bereich der Kriminalität: Die Entscheidung, eine Straftat zu begehen, wird in der Regel durch die antizipierte Wahrscheinlichkeit der Sanktionierung – das Entdeckungsrisiko – beeinflusst und hängt nicht von der erwarteten Strafhöhe ab.[179] Denn wer nicht davon ausgeht, überhaupt sanktioniert zu werden, den beeinflusst auch die Intensität einer Sanktion regelmäßig nicht,[180] und wenn diese eine Rolle in der Abwägung spielt, so in Relation zur Aufklärungs- oder der Verurteilungswahrscheinlichkeit in sehr geringem Maße.[181] Daneben wird der Täter durch die antizipierte Reaktion seines sozialen Umfelds auf die Bestrafung beeinflusst.[182] Es ergibt sich folgender Befund: Variationen im Bereich der Strafhärte bewirken keinen messbar gesteigerten Abschreckungseffekt.[183]

*(3) Zur Feststellbarkeit eines Abschreckungsbedürfnisses im Einzelfall*

Trotz der abstrakten sowie der konkreten Ungewissheit über generalpräventive Wirkungen der Strafe sieht sich der BGH[184] in Übereinstimmung mit Teilen der Literatur[185] nicht daran gehindert, eine negativ-generalpräventive Strafschärfung im Einzelfall als legal zu erachten, wenn diese *geeignet* und *erforderlich* ist, den Abschreckungseffekt zu erzielen. Dies sei zu bejahen, wenn eine sog. *Verbrei-*

---

[178] *Kahnemann*, Schnelles Denken, Langsames Denken, S. 331 ff.; *Kahnemann/ Tversky*, Prospect Theory: An Analysis of Decision under Risk, Econometrica, Vol. 47, No. 2 (1979), S. 363 ff.

[179] *Müller-Dietz*, Prävention durch Strafrecht (1996), S. 227 (236); *Schumann*, KrimJ, 1996, S. 294; *Roxin/Greco*, Strafrecht AT I (2020), § 3 Rn. 25; *Curti*, Abschreckung durch Strafe (1998), S. 177; *Eisenberg/Kölbel*, Kriminologie (2017), § 41 Rn. 14; *Zipf/Dölling*, in: Maurach/Gössel/Zipf, Strafrecht AT (2014), § 63 Rn. 100; *Stojanovic*, FS-Kühl (2014), S. 473 (480); *Dölling*, Strafe (2013), S. 1329 (1332); *Meier*, Sanktionen (2015), S. 28; *Streng*, FS-Müller-Dietz (2001), S. 875 (896); *Hart-Hönig*, Gerechte und zweckmäßige Strafzumessung (1992), S. 48.

[180] *Eisenberg/Kölbel*, Kriminologie (2017), § 41 Rn. 14.

[181] *Entdorf/Spengler*, MschrKrim 2005, 313 (333).

[182] *Jellinek*, Die sozialethische Bedeutung von Recht, Unrecht und Moral (1908), S. 90.

[183] *Schöch*, FS-Jescheck (1985), 1081 (1104); *Dölling*, ZStW 102 (1990), S. 1 (20); *Kaspar*, Gerechtes oder zweckmäßiges Strafen? (2013), S. 103 (121); *Dölling*, Strafe (2013), S. 1329 (1332).

[184] BGH NStZ 1982, 463; BGH, Beschl. v. 23.11.2010 – 3 StR 393/10.

[185] „[N]icht pauschal, sondern nach den Gegebenheiten des einzelnen Falles" soll nach *Foth*, NStZ 1990, 219 (221) eine negativ-generalpräventive Strafschärfung erlaubt sein; „besondere Umstände des konkreten Falles" können nach *Bruns*, Das Recht der Strafzumessung (1985), S. 101 die negativ-generalpräventive Strafschärfung begründen; s. a. *Bruns/Güntge*, Strafzumessung (2019), S. 119; für die strafschärfende Berücksichtigung der negativen Generalprävention als „relativ selbstständiges Unrechtssteigerungsmoment, das man vielleicht gesteigerte Allgemeinbedeutung der Tat nennen könnte", *Köhler*, Strafzumessung (1983), S. 49 ff.

*tungsgefahr*[186] festgestellt werden könne. Eine solche sei anzunehmen, wenn ein gewisser Grad an Nachahmungsgefahr erreicht sei, der wiederum nicht bei bloßer Häufigkeit von Straftaten gegeben sei, sondern eine gemeinschaftsgefährdende Zunahme von Straftaten in zeitlich-räumlichem Zusammenhang mit dem Urteil im Gerichtsbezirk voraussetze.[187] Bei den zunehmenden Straftaten müsse es sich dabei um Straftaten handeln, die ebenfalls Gegenstand des Urteils sind oder diesen ähneln.[188]

Problematisch sind allerdings die Anforderungen an den tatrichterlichen Nachweis: Einigkeit herrscht unter den Gerichten darüber, dass das Urteil im Falle einer solchen Strafschärfung zur Begründung nähere Ausführungen enthalten muss;[189] aus der Auswertung der BGH-Rechtsprechung ergibt sich nicht, dass der Richter die Strafschärfung zwingend mit einem statistischen Nachweis belegen muss.[190]

Es muss bezweifelt werden, dass das Bestehen einer Verbreitungsgefahr überhaupt zuverlässig festgestellt werden kann. Es ist zu einfach, von einer bloßen statistischen Erhöhung auf eine Verbreitungsgefahr zu schließen.[191] Die statistische Erhöhung kann durch modifizierte Verfolgungskapazitäten oder Schwerpunktsetzungen bei der Verfolgung bedingt sein;[192] eine Dunkelziffer wird in den Statistiken nicht erfasst und schließlich liegen dieser Statistik auch Fälle zu Grunde, die keine strafbaren Handlungen betreffen, wie im Falle falscher Anzeigen;[193] andere Variablen, wie die Anzeigebereitschaft der Bevölkerung, werden nicht berücksichtigt.[194]

Eine den Grundrechtsbereich des Angeklagten berührende Strafschärfung muss evidenzbasiert sein, weshalb zu bezweifeln ist, ob die evidente Feststellung einer Erhöhung bestimmter Straftaten – im Einzelfall – unter dem Kriterium der Verbreitungsgefahr und überhaupt in dem für das Urteil zur Verfügung stehenden Zeitrahmen in praxi gelingen kann.[195]

---

[186] Siehe ferner *Bruns/Güntge*, Strafzumessung (2019), S. 116 ff.; *Schäfer/Sander/Van Gemmeren*, Strafzumessung (2017), Rn. 841 ff.; BGH, Beschluss vom 20. November 2018 – 1 StR 349/18.

[187] BGH NStZ 1986, 358; BGH NStZ 1984, 409; s. *Schäfer/Sander/Van Gemmeren*, Strafzumessung (2017), Rn. 843 m.w.N.

[188] BGH NStZ 1986, 358; BGH NStZ 1984, 409.

[189] BGH, Beschl. v. 5.11.2014 – 5 StR 289/14.

[190] So auch *Schäfer/Sander/Van Gemmeren*, Strafzumessung (2017), Rn. 844; *Bruns/Güntge*, Strafzumessung (2019), S. 118.

[191] *Frisch*, ZStW 99 (1987), S. 371.

[192] Ebenda.

[193] *Haag*, Rationale Strafzumessung (1970), S. 150.

[194] *Haag*, Rationale Strafzumessung (1970), S. 151.

[195] Vgl. *Schäfer/Sander/Van Gemmeren*, Strafzumessung (2017), Rn. 845: „Die Praxis sollte auf diesen Strafzumessungsgesichtspunkt angesichts der Fragwürdigkeit seiner kriminologischen Berechtigung *verzichten*."

*(4) Zur Möglichkeit der Umwandlung eines Abschreckungsbedürfnisses*
  *in eine Strafgröße*

Selbst wenn man unterstellt, das Gericht könne eine valide Aussage über die gemeinschaftsgefährdende Zunahme von Straftaten treffen, so ist kein Maßstab für deren Umwandlung in ein konkretes Strafmaß erkennbar. Es sind deshalb zwei – sich freilich widersprechende – Gründe gegen die negative Generalprävention geltend gemacht worden: Die negative Generalprävention könne erstens keinen Maßstab für das von ihr unmittelbar geforderte Strafmaß angeben;[196] sie habe *expansiven* Charakter, was bedeute, dass vorrangig negativ generalpräventive Strafzumessung zu einer unbegrenzten Erhöhung des Strafhöhenniveaus führe.[197]

(a) Ein sich allein aus der negativen Generalprävention ergebendes *Maß* der Strafe müsste sich nach Kriterien bestimmen, die in der Abschreckungsprävention selbst wurzeln. Sollte etwa der zu erwartende Vorteil oder das Entdeckungsrisiko über das Maß der Strafe entscheiden, so führt dies zu dem absurden Ergebnis, dass eine Steuerhinterziehung in Höhe von 100.000 EUR höher bestraft wird als ein Raubmord mit 1.000 EUR Beute.[198] Und bedenkt man, dass der *Homo oeconomicus* nicht nur Vor- und Nachteile der Tat abwägt, sondern darüber hinaus auch Vor- und Nachteile der Legalität, also seine derzeitige individuelle Situation dazu in Beziehung setzt, so wird eine Generalisierung vollends unmöglich. Mittels Abschreckungsprävention skalierbare Strafzumessung zu betreiben ist „blanke Fiktion".[199]

(b) Gegen den potentiell *expansiven Charakter* der negativ-generalpräventiv bestimmten Strafe wandten sich bereits Montesquieu und Beccaria: Erstens wird entgegengehalten, dass die Bevölkerung die von der Strafhöhe ausgehende Abschreckung mit der Zeit adaptiere und somit auch eine ‚hohe' Strafe aus Sicht der Bevölkerung mit der Zeit nur noch wie eine ‚normale' Strafe abschrecke.[200] Zweitens würden hohe Strafen zu einer Demoralisierung der Gesellschaft führen, weshalb der Rechtsanwender ohnehin nur selten harte Strafen verhänge.[201]

Montesquieu ist zwar zuzustimmen, dass die Gesellschaft sich mit der Zeit an ein erhöhtes Strafniveau gewöhnt, weshalb sich ihr Abschreckungsniveau relativ

---

[196] *Roxin*, JuS 1966, S. 377 (380); *Frisch*, GA 2019, 185 (187); *Hassemer*, FS-Schroeder (2006), S. 51 (59).

[197] „Tendenz zum staatlichen Terror", *Roxin*, JuS 1966, S. 377 (380); „Strafen müssen streng sein, denn sie sollen schrecken", *Feuerbach*, Bibliographischer Nachlass (1853), S. 213.

[198] *Frister*, Strafrecht AT (2020), 2. Kapitel, Rn. 13; ähnlich *Greco*, Feuerbach (2009), S. 384.

[199] *Frisch*, ZStW 99 (1987), S. 365.

[200] *Montesquieu*, Vom Geist der Gesetze (1721), Buch VI, 12, 13.

[201] Ebenda; *Beccaria*, Von den Verbrechen und von den Strafen (1764), XXVI.

zum Ausgangszustand langfristig nicht verändert, wohingegen das Strafniveau konstant erhöht bleibt. Dies ist nach hier vertretender Auffassung aber kein Argument dagegen, dass sich das Strafniveau der negativ-generalpräventiv begründeten Strafe stetig steigern müsste, sondern dafür. Denn zur dauerhaften Erhöhung des Abschreckungsniveaus müsste das Strafniveau zum Zeitpunkt der erfolgten Adaption durch die Bevölkerung erneut angehoben werden. An dieses Strafniveau würde sich die Bevölkerung mit der Zeit wiederum gewöhnen und ihr Abschreckungsniveau relativieren, sodass erkennbar wird: Durch die negativ-generalpräventiv begründete Strafe wird eine Spirale immer höherer Strafen in Gang gesetzt, während sich das Abschreckungsniveau nur kurzfristig erhöht, nämlich im Zeitraum zwischen der Erhöhung des Strafniveaus und der Anpassung des Abschreckungsniveaus in der Gesellschaft. Demnach hat die negativ-generalpräventiv bestimmte Strafe expansiven Charakter, weil die Gesellschaft ihr in Folge der Erhöhung des Strafniveaus erhöhtes Abschreckungsniveau langfristig relativieren wird, unabhängig davon, ob das Strafniveau erhöht bleibt und sich demnach die Forderung der negativen Generalprävention nach einer Strafschärfung ständig erneuert. Denn würde die Gesellschaft nicht in der Lage sein, sich an ein höheres Strafniveau zu gewöhnen und demnach ihr Abschreckungsniveau nicht anpassen können, so würde eine einmalige Erhöhung des Strafniveaus ausreichen, um das Abschreckungsniveau konstant zu erhöhen.

Dem zweitgenannten Grund ist zuzustimmen. Hohe Strafen können die Moral der Gesellschaft schwächen und somit dazu führen, dass sich potentielle Täter zur Tatbegehung entscheiden, weil sie sich nicht mehr zur Normtreue verpflichtet fühlen. Allerdings ist dies vor dem Hintergrund der positiven Generalprävention ein Argument gegen die Zweckmäßigkeit der Verhängung hoher Strafen, nicht aber ein Argument gegen die Neigung der negativen Generalprävention, immer höhere Strafen zu verhängen.

Die gegen den expansiven Charakter der negativen Generalprävention vorgebrachten Einwände überzeugen im Ergebnis nicht; vorrangig negativ-generalpräventive Strafzumessung führt langfristig zu einer stetigen Erhöhung des Strafhöhenniveaus.

### bb) Positive Generalprävention

Ebenso wie für die negative stellt sich auch für die positive Generalprävention die Frage, ob sie überhaupt ein Maß an Strafe, das über oder unter der schuldangemessenen Strafe liegt, präjudizieren kann.

Hinsichtlich der empirischen Probleme gilt für die positive mutatis mutandis, was für die negative Generalprävention gilt.[202] Es ist davon auszugehen, dass die

---

[202] *Hassemer*, Generalprävention (1979), S. 52; *Hart-Hönig*, Gerechte und zweckmäßige Strafzumessung (1992), S. 51; *Meier*, Sanktionen (2015), S. 30; *Zipf/Dölling*, in:

Theorie positiver Generalprävention einer empirischen Überprüfung nicht zugänglich ist:[203] Die Aussagen der positiven Generalprävention über die Funktionen der Strafe beziehen sich zwar „auf einen Sachverhalt der empirischen Wirklichkeit",[204] nur ist ein gesellschaftlicher Prozess ein Bezugspunkt, der empirisch-methodisch nicht überprüfbar ist.[205] Zum einen lassen sich weder eine Geltung der Norm noch ein Normvertrauensschaden oder eine Wiederherstellung des Normvertrauens beweisen, da *die* Gesellschaft niemals von jeder Straftat erfährt.[206] Zum anderen lässt sich die empirische Erforschung der positiv-generalpräventiven Wirkung der Strafe nicht methodengerecht durchführen, solange ungewiss ist, welche Zeiträume ausreichen, um eine solche Wirkung zu überprüfen.[207] Deshalb verwundert es nicht, dass eine empirische Theorie der positiven Generalprävention über einige „Vorüberlegungen" nicht hinaus gekommen ist.[208] Es ist davon auszugehen, dass eine integrative, das Vertrauen bzw. das Rechtsbewusstsein der Bevölkerung stärkende Wirkung einer Strafmodifikation sich kriminologisch (derzeit) nicht beweisen lässt.[209]

Es ließe sich auf Ebene der Strafbegründung trefflich darüber streiten, ob die Schuld ein Derivat der positiven Generalprävention ist[210] oder ob umgekehrt die positive Generalprävention ein empirischer Effekt der Strafe als Schuldausgleich ist.[211] Auf Ebene der Strafzumessung, mithin bei der Frage, ob die positive Generalprävention eine Strafhöhe präjudizieren kann, die ober- oder unterhalb der schuldangemessenen Strafe liegt, kann diese Diskussion jedoch dahinstehen, denn jedenfalls sind Schuld und positive Generalprävention zwei Seiten derselben Medaille,[212] woraus folgt, dass es für die Bestimmung der Strafhöhe keinen Unterschied macht, ob darauf abgestellt wird, „dass die Strafe ‚mit dem zum Ge-

---

Maurach/Gössel/Zipf, Strafrecht AT (2014), § 63 Rn. 100; *Kalous*, Generalprävention (2000), S. 85.

[203] *Hörnle/von Hirsch*, GA 1995, S. 261 (262).

[204] *Schneider*, Normanerkennung (2004), S. 79.

[205] *Neumann*, FS-Jakobs (2007), S. 435 (443); die empirische Zugänglichkeit bejahend, an einem „methodischen Instrumentarium" zweifelnd *Müller-Dietz*, FS-Jescheck (1985), S. 813 (821).

[206] *Kalous*, Generalprävention (2000), S. 80; *Hart-Hönig*, Gerechte und zweckmäßige Strafzumessung (1992), S. 51.

[207] *Bock*, ZStW 103 (1991), S. 636 (655).

[208] *Baurmann*, GA 1994, S. 368 (378).

[209] *Meier*, Sanktionen (2015), S. 30; *Zipf/Dölling*, in: Maurach/Gössel/Zipf, Strafrecht AT (2014), § 63 Rn. 100; *Kalous*, Generalprävention (2000), S. 85; *Hörnle/von Hirsch*, GA 1995, S. 261 (262); *Stojanovic*, FS-Kühl (2014), S. 473 (483): „Man könnte sogar behaupten, dass die Strafe und das Strafrecht die Moral mehr brauchen, als die Moral die Strafe braucht."; *Roxin*, GA 2015, S. 183 (191).

[210] *Jakobs*, Schuld und Prävention, S. 8, 10, 14.

[211] *Kalous*, Generalprävention (2000), S. 251 ff.

[212] *Haas*, Strafbegriff, Staatsverständnis und Prozessstruktur, S. 265.

sellschaftsschutz Erforderlichen harmoniert' und deshalb als schuldadäquat gilt oder dass – umgekehrt – die Strafe als gerechte Antwort auf das Maß des verschuldeten Unrechts empfunden wird und damit zugleich als Bestätigung der Normgeltung erscheint".[213] Letztlich lehnt auch Jakobs eine empirische Überprüfung der normbekräftigenden Wirkung von Strafe ausdrücklich ab, da die von der Schuld bestimmte Strafe eine solche Wirkung per se nach sich ziehe; erfahrungswissenschaftliche Untersuchungen würden stets „deplaciert wirken".[214]

Letztlich kann die positive Generalprävention keine Strafhöhe präjudizieren, die über- oder unterhalb der schuldangemessenen Strafe liegt, da der positiven Generalprävention zum einen kein Maßprinzip[215] innewohnt, welches den Rechtsanwender zur Festsetzung der Strafe befähigen könnte, zum anderen, weil die Schuldstrafe die Strafe ist, die von der Gesellschaft als angemessene, gerechte Sanktion erwartet wird und deshalb das geeignetste Mittel ist, um das Vertrauen in die Rechtsordnung zu stärken,[216] als sittenbildende Kraft auf die Gesellschaft einzuwirken.[217]

### cc) Zusammenfassung

Ein genereller Abschreckungseffekt der Strafe ist weder erwiesen, noch lässt sich im Einzelfall ein Abschreckungsbedürfnis validieren. Es zeigt sich, dass von einer Strafschärfung kein (messbar) gesteigerter, genereller Abschreckungseffekt ausgeht. Dem vermeintlichen Erfahrungssatz, nach welchem auf Grund einer statistischen Zunahme der Straftaten in einem Gerichtsbezirk auf eine Verbreitungsgefahr zu schließen ist, ist nicht zu folgen. Die negative Generalprävention kann keinen Maßstab für das von ihr unmittelbar geforderte Strafmaß angeben, es lässt sich nur feststellen, dass vorrangig negativ-generalpräventive Strafzumessung zu immer höheren Strafen führt.

Zwischen der schuldangemessenen und der positiv generalpräventiv präjudizierten Strafe kann sich *kein* Antinomiefall ergeben, beide entsprechen einander im Hinblick auf die geforderte Strafhöhe.

---

[213] *Horn/Wolters*, in: SK-StGB, § 46 Rn. 22; s. a. *Jescheck/Weigend*, AT, § 8 S. 69.

[214] *Jakobs*, ZStW 103 (1995), S. 843 (844); zust. *Neumann*, FS-Jakobs (2007), S. 435 (443).

[215] *Greco*, Feuerbach (2009), S. 499 f.

[216] *Frisch*, FS-Maiwald (2010), S. 239 (249); *Haffke*, Tiefenpsychologie und Generalprävention (1976), S. 77; *Müller-Dietz*, FS-Jescheck (1985), S. 813 (824); *Streng*, Sanktionen (2012), Rn. 14 f.; *Roxin*, FS-Bockelmann (1979), S. 279 (305); *Hoyer*, FS-Ostendorf (2015), S. 435 (447); kritisch *Kaspar*, Verfassungsrechtliche Aspekte einer empirisch fundierten Theorie der Generalprävention (2019), S. 74.

[217] *Jescheck/Weigend*, AT, § 8 S. 69.

## c) Rechtliche Konsequenzen

Es stellt sich nunmehr die Frage, welche rechtlichen Konsequenzen sich aus der fehlenden Nachweisbarkeit präventiver Effekte, ihrer fehlenden Prognostizierbarkeit im Einzelfall sowie der Zweifel an der Möglichkeit ihrer Umwandlung in ein konkretes Strafmaß ergeben. Das Problem besteht darin, dass sich weder die grundsätzliche negativ-generalpräventive Wirkung der Strafe und der Gründe für ihre Veranlassung im Einzelfall verifizieren oder falsifizieren lassen, noch eine zweifelsfreie Entscheidung über das zukünftige Legalverhalten des Delinquenten auf Grund methodischer Mängel getroffen werden kann.

### aa) In dubio pro reo

In Anbetracht der Zweifel an der Wirksamkeit der präventiven Strafschärfung fragt sich, ob hier der In-dubio-pro-reo-Grundsatz anzuwenden ist.

(1) Da der Zweifelssatz bei den Strafzumessungstatsachen grundsätzlich anwendbar ist,[218] folgert Haag,[219] dass für prognostische Erwägungen im Rahmen der Strafzumessung nichts anderes gelten könne, denn soweit die behaupteten Wirkungen für das Gericht nicht feststünden, könnten diese auch nicht zulasten des Delinquenten berücksichtigt werden. Coors[220] geht von dem Grundsatz aus, dass nur real erreichbare Zwecke geeignet seien, die Strafe zu bestimmen, weshalb die Berücksichtigung präventiver Zwecke nur bei wissenschaftlich bewiesener Veranlassung zwecks günstiger Beeinflussung zukünftiger Kriminalität für die Strafzumessung relevant seien.

(2) Die konträre Position differenziert zwischen Tatsachen und vorausschauenden Wertungen, von denen nur die Tatsachen tauglicher Bezugsgegenstand des In-dubio-pro-reo-Grundsatzes seien.[221] Beide unterscheiden sich im Grundsätzlichen: Während präventive Gesichtspunkte im Gegensatz zu tatsächlichen nicht bestimmen, was auszugleichen sei (vergangenheitsorientiert), sondern nur angeben können, welches Mittel für die Herstellung des Rechtsfriedens geeignet sei (zukunftsorientiert), beziehe sich der Zweifelssatz ausschließlich auf tatsächliche Gesichtspunkte, weil nur das, was überhaupt die Möglichkeit eröffne „festzustellen", Bezugsgegenstand des In-dubio-pro-reo-Grundsatzes sein könne.[222]

---

[218] *Bruns*, Das Recht der Strafzumessung (1985), S. 172 f.

[219] *Haag*, Rationale Strafzumessung (1970), S. 135 f.

[220] *Coors*, Generalprävention als Strafzumessungserwägung (1963), S. 4 f.

[221] *Bruns*, Das Recht der Strafzumessung (1985), S. 173 f.; *Stree*, In dubio pro reo (1962), S. 109 ff.; *Schnelle*, Die Funktion generalpräventiver Gesichtspunkte bei der Strafzumessung (1977), S. 146.

[222] *Stree*, In dubio pro reo (1962), S. 109 ff.

(3) Feststellen lässt sich deshalb für die vorliegende Untersuchung, dass sich der In-dubio-pro-reo-Grundsatz lediglich auf tatsächliche Gesichtspunkte, auf reale Strafzumessungsgründe beziehen kann. Die Anwendung des Zweifelssatzes auf Aussagen, die dem Beweis prinzipiell nicht zugänglich sind, würde im Ergebnis alle für den Delinquenten nachteiligen, normativen Erwägungen aus dem Strafzumessungsvorgang ausklammern müssen. Mit der Feststellung einer Strafzumessungstatsache ist aber für die Strafzumessung wenig gewonnen, denn es bedarf der normativen Bestimmung der Bewertungsrichtung. Diese müsste für den Delinquenten stets günstig ausfallen, wollte man normative Erwägungen aus dem Strafzumessungsvorgang herausstreichen. Das kann mit dem Zweifelssatz nicht gewollt sein. Vielmehr ist der Zweifelssatz inhaltlich folgendermaßen zu verstehen: Ist eine *dem Beweis prinzipiell zugängliche* Erwägung zweifelhaft und für den Delinquenten nachteilig, so darf diese nicht zu dessen Nachteil gereichen.

Soweit es aber um Tatsachen geht, die der Prognose zu Grunde liegen, kann der Zweifelssatz sehr wohl zum Vorteil des Delinquenten gereichen. Das hat für die Relevanz der Prävention folgende Auswirkung: Da eine negativ-generalpräventive Strafschärfung dann vorgenommen wird, wenn eine (tatsächliche) Verbreitungsgefahr festgestellt werden kann, diese aber berechtigten Zweifeln[223] unterliegt, schlägt der Zweifelssatz zwar nicht auf die generelle Möglichkeit einer Abschreckung, wohl aber auf die Voraussetzungen, unter denen es ihrer bedarf, voll durch.[224]

Für die Spezialprävention liegt dies nicht so einfach, denn sie beruht entsprechend den oben dargestellten Methoden nur im Falle des Vorliegens eines Sachverständigengutachtens auf einer zusätzlichen Tatsachengrundlage, die auf Grund berechtigter methodischer Einwände hinsichtlich der darauf gestützten Prognose in Zweifel zu ziehen ist. Bei der intuitiven, der statistischen sowie der Methode der idealtypisch vergleichenden Einzelfallanalyse sind es Tatumstände (z. B. Vorstrafen), die bereits festgestellt wurden, in welchen die Prognose wurzelt und deren weitergehender Bewertung durch das Gericht deshalb jedenfalls der Zweifelssatz nicht entgegensteht. Dies führt zu dem paradoxen Ergebnis, dass einer spezialpräventiven Strafschärfung, die auf einem Sachverständigengutachten basiert, der Zweifelssatz prinzipiell entgegensteht, während der intuitiven Prognose des Richters, der die Rückfallwahrscheinlichkeit schlechter als der Sachverständige vorhersagen kann, der Grundsatz nicht entgegengehalten werden kann.

Letztlich muss konstatiert werden, dass der Zweifelssatz kein taugliches Instrument ist, um die (zweifelhaften) präventiven Wirkungen aus dem Strafzumessungsvorgang auszuklammern.

---

[223] S. Kap. C., I., 2., b), aa), (3).
[224] So auch *Bruns*, Das Recht der Strafzumessung (1985), S. 173.

## bb) Art. 103 II GG

Stattdessen kann sich die Unzulässigkeit, präventive Wirkungen bei der Strafzumessung vorrangig zu berücksichtigen, wegen der damit verbundenen Unwäg-
barkeiten aus Art. 103 II GG ergeben. Nach dem BVerfG[225] stellt die Auslegung
eines Strafgesetzes durch ein Gericht einen Verstoß gegen den Bestimmtheitsgrundsatz dar, wenn die Interpretation nicht ausreichend inhaltlich bestimmt
wurde. Dies ist der Fall, wenn Gerichte durch eine Interpretation einer Norm
dazu beitragen, bestehende Unsicherheiten im Zusammenhang mit ihrer Anwendung zu erhöhen.[226]

Hassemer[227] meint, man wisse über die tatsächlichen Chancen der Prävention
nicht genug, um auf Basis einer „Chance" unmittelbar präventive Strafzumessung zu betreiben,[228] ohne gegen das Gebot der formalisierten Sanktionierung zu
verstoßen. Dem ist zuzustimmen: Vorrangig präventive Strafzumessung lässt sich
methodengerecht nicht durchführen, da sich weder ein präventives Bedürfnis im
Einzelfall feststellen lässt noch ein solches Bedürfnis in eine konkrete Strafgröße
umgewandelt werden kann. Mittels Prävention skalierbare Strafzumessung zu betreiben ist unmöglich; eine präventiv geforderte Strafgröße ist deshalb a fortiori
sowohl für den Bürger als auch für das Gericht nicht vorhersehbar. Eine Interpretation des § 46 Abs. 1 StGB, nach welcher vorrangig präventive Strafzumessung
zu betreiben wäre, würde nicht eine bestehende Unsicherheit im Zusammenhang
mit der Anwendung der Vorschrift erhöhen, sie würde die *Unsicherheit zum Prinzip* erheben. Im Ergebnis wird deshalb festgehalten: Eine Auslegung des § 46
Abs. 1 StGB, nach welcher die Prävention gegenüber der Schuld bei der Strafhöhenbestimmung vorrangig wäre, würde gegen den Bestimmtheitsgrundsatz
(Art. 103 II GG) verstoßen.

### d) Fazit

Eine von Strafschärfungen ausgehende, gesteigerte präventive Effektivität der
Strafe kann nicht festgestellt werden. Eine valide Kriminalprognose lässt sich
nicht treffen. Von einer statistischen Zunahme der Straftaten im Gerichtsbezirk
auf eine Verbreitungsgefahr zu schließen, verbietet sich. Letztlich ließen sich präventive Bedürfnisse auch bei Feststellung ihrer Existenz nicht in eine konkrete
Strafgröße umwandeln. Unmittelbar präventive Strafzumessung ist deshalb tatsächlich unmöglich.

---

[225] BVerfGE 87, 209 (229).
[226] BVerfGE 126, 170 (198).
[227] *Hassemer*, Strafziele im sozialwissenschaftlich orientierten Strafrecht (1983),
S. 65 ff.
[228] Ebenda.

Trotz dieses Befunds vermag zwar der In-dubio-pro-reo-Grundsatz m. E. einer präventiven Strafschärfung über das Maß der Schuld hinaus prinzipiell nicht entgegenzustehen, allerdings ergibt sich aus der tatsächlichen Unmöglichkeit unmittelbar präventiver Strafzumessung ein Verstoß gegen den Bestimmtheitsgrundsatz (Art. 103 II GG), da weder absehbar ist, ob ein präventives Bedürfnis tatsächlich besteht, noch – und dieser Grund ist viel gewichtiger –, welches Strafmaß voraussichtlich aus der Existenz eines solchen folgt. Vorrangig präventive Strafzumessung ist bereits aufgrund dieses Arguments als verfassungswidrig zu erachten.

### 3. Zur normativen Diskussion

Eine schuldüberschreitende, unmittelbar präventive Strafzumessung kann bereits auf Grund eines mangelnden Wirksamkeitsnachweises gar nicht betrieben werden. Doch wenn die präventiven Wirkungszusammenhänge vollends geklärt wären, bleibt fraglich, ob normative Argumente unmittelbar präventiver Strafzumessung entgegenstehen, was im Folgenden untersucht wird.

#### a) Generalprävention

##### aa) Negative Generalprävention

*(1) Art. 3 MRK*

Zunächst könnte das aus Art. 3 MRK erwachsende Verbot ‚erniedrigender‘ Strafen einer Schuldüberschreitung zwecks Abschreckung Dritter entgegenstehen.

So subsumiert Woesner[229] diejenige Strafe, welche außer Verhältnis zum Unrechtsgehalt der Tat stehe, unter das Verbot der „Erniedrigung" durch Strafe, vor allem, wenn dies aus Gründen der negativen Generalprävention geschieht.

Dass aber jede heteronom motivierte Strafe eine Erniedrigung darstellt, ist nicht einzusehen, vielmehr ist eine solche anzunehmen, wenn eine Strafe verhängt wird, die dem Betroffenen seine „Stellung als freie, auf Entfaltung seiner geistigen und seelischen Kräfte in der sozialen Gemeinschaft angelegte Persönlichkeit nicht unerheblich in Frage stellt".[230] Der EGMR[231] legt Art. 3 EMRK wie folgt aus: Die bloße Länge der Haft begründe noch nicht die von Art. 3 EMRK geforderte Schwere. Insbesondere die Vollstreckung einer Haftstrafe er-

---

[229] *Woesner*, NJW 1961, 1381 (1384).
[230] *Schnelle*, Die Funktion generalpräventiver Gesichtspunkte bei der Strafzumessung (1977), S. 73.
[231] EGMR *Gatt gg. Malta*, Urteil vom 27.7.2010, Bsw. Nr. 28221/08.

reiche den für Art. 3 MRK geforderten Schweregehalt nicht; eine „Erniedrigung" könne sich nur aus den Umständen der Vollstreckung selbst ergeben.[232]

Eine zwecks negativer Generalprävention über das Maß der Schuld hinausgehende Strafe kann demnach nicht gegen Art. 3 MRK verstoßen, weil die Strafhöhenbemessung nur eine Aussage zur Länge der Freiheitsstrafe trifft, rechtlich unabhängig von der Ausgestaltung der Vollstreckung ist.

*(2) Art. 1 I GG (Instrumentalisierungseinwand)*

(a) Zum Inhalt des Einwands

Gegen die Schuldüberschreitung zwecks Verhaltenssteuerung Dritter hat sich bereits Kant[233] gewandt, indem er erklärte:

> „(...) der Mensch kann nie bloß als Mittel zu den Absichten eines anderen gehandhabt und unter die Gegenstände des Sachenrechts gemengt werden, wowider ihn seine angeborne Persönlichkeit schützt (...)."

Für das heutige Recht wird der Einwand folgendermaßen vorgetragen: Wird der Täter über das Maß der Schuld hinaus bestraft, damit andere von der Begehung von Straftaten abgehalten werden, wird er als Mittel zum Zweck benutzt, was die Gefahr begründet, dass dieser zum Objekt staatlichen Handelns gemacht wird und deshalb in seiner von Art. 1 GG geschützten Menschenwürde verletzt ist.[234]

(b) Ablehnung des Instrumentalisierungseinwands

Demgegenüber findet sich die Position, welche den Instrumentalisierungseinwand nicht anerkennt, weil der Täter seine Würde durch die Straftat verwirkt habe oder diese ihm aus anderen Gründen gar nicht zukomme.

(aa) Klee[235] ist der Ansicht, der Mensch habe nur eine „Existenzberechtigung [...] insofern er die Gattung fördert". Demnach wäre jeder Eingriff in die Würde

---

[232] EGMR *Tyrer gg. Vereinigtes Königreich*, 25.04.1978, no. 5856/72, § 30: „However, what is relevant for the purposes of Article 3 (art. 3) is that he should be humiliated not simply by his conviction but by the execution of the punishment which is imposed on him."

[233] *Kant*, Metaphysik der Sitten (1797), S. 453.

[234] *Frisch*, GA 2019, 185; *Stojanovic*, FS-Kühl (2014), S. 473 (478); *Roxin*, FS-Müller-Dietz (2001), S. 701 (703); *Stratenwerth*, Was leistet die Lehre von den Strafzwecken? (2018), S. 9; *Schmidt*, ZStW 67 (1955), S. 177 (193); *Arloth*, GA 1988, S. 405 (407); *Badura*, JZ 1964, 337 (339); *Roxin*, JuS 1966, S. 377 (380); *Hoyer*, Strafrecht AT I (1996), S. 7 f.; *Naucke*, Generalprävention und Grundrechte der Person (1979), S. 7 (22); die exemplarische Bestrafung zwecks Abschreckung Dritter mit dem Begriff des Rechts für unvereinbar haltend *Köhler*, Strafzumessung (1983), S. 44.

[235] *Klee*, Zur Lehre vom strafrechtlichen Vorsatz (1897), S. 56.

des Delinquenten gerechtfertigt, soweit sie einen sozialen Nutzen verspricht, was kein mit dem Grundgesetz in Übereinstimmung zu bringendes Ergebnis ist.

(bb) Ähnlich ist Hardwig[236] zu verstehen; ihm zufolge werde der Täter durch die negativ-generalpräventive Strafschärfung deshalb nicht als Mittel zum Zweck benutzt, weil der Täter für den guten Zustand der Gemeinschaft verantwortlich sei. Er stehe demnach nicht alleine da, sondern sei selbst ein lebendiges Exempel und deshalb auch würdig, als ein solches gebraucht zu werden, wenn dies im Sinne der guten Gemeinschaft erforderlich sei. So werde er als das anerkannt, was er sei: ein verantwortliches Mitglied in der Rechtsgemeinschaft.

Wer sich aber auf Mitverantwortlichkeit beruft, der muss auch den weitergehenden Schluss ziehen, dass jemand nur für das zur Rechenschaft gezogen werden kann, was er auch tatsächlich zu verantworten hat, was aber nur durch das Schuldprinzip gewährleistet wird, denn sonst wird er als bloßer Gegenstand kriminalpolitischer Maßnahmen benutzt.[237] Eine Mitverantwortlichkeit für Dritte sieht das StGB beispielsweise in § 13 StGB vor, wo eine Verantwortlichkeit für Dritte nur unter besonderen Voraussetzungen bestehen kann, nicht aber generell. Zudem läuft die Argumentation darauf hinaus, dass es zu begrüßen ist, den Täter zu objektivieren. Nur ist die Menschenwürde nicht normativ abdingbar, nicht einmal durch den Delinquenten selbst, denn sie ist unantastbar.

(cc) Nach Kaspar[238] werde die Subjektqualität des Menschen durch generalpräventiv legitimierte Strafen nicht in Frage gestellt, da es bei einer Bestrafung, mit der „eine generalpräventive Wirkung bei anderen Personen erzielt werden soll", nicht vorrangig um eine Bestrafung „wegen der Deliktsneigung anderer" gehe, „sondern um das vom Täter selbst geschaffene generalpräventive Strafbedürfnis".

Der Einwand aus Art. 1 I GG richtet sich jedoch gegen das generalpräventive Strafbedürfnis an sich, unabhängig davon, ob der Täter es selbst verursacht hat. Wer eine zwecks Abschreckung Dritter verhängte Strafe nur dann als Eingriff in Art. 1 I GG betrachtet, wenn der Täter dieses Strafbedürfnis *nicht* selbst verursacht hat, erkennt im Grundsatz einen solchen Eingriff als illegitim an, macht die Legitimität allein von der Verursachung abhängig, obwohl ein solches Strafbedürfnis im Einzelfall, wie bereits dargelegt, kaum feststellbar sein wird und auch eine Kausalität zwischen Straftat und negativ-generalpräventivem Strafbedürfnis nicht belegbar ist. Zudem läuft eine solche Zurechnungslösung auf das Schuldprinzip hinaus.

---

[236] *Hardwig*, MschKrim 1959, S. 1 (12).
[237] *Schnelle*, Die Funktion generalpräventiver Gesichtspunkte bei der Strafzumessung (1977), S. 111 f.
[238] *Kaspar*, Verhältnismäßigkeit (2014), S. 642.

(dd) Der Einwand, der Täter habe durch den Schuldspruch seinen Schutz vor Objektivierung *verwirkt*, ist kein neuer Gedanke[239] und erstaunlicherweise populärer, als man glauben mag.[240]

Die Unrichtigkeit dieser Auffassung ist evident: Die Menschenwürde soll vor entwürdigenden Maßnahmen des Staates schützen, versagt nach der Verwirkungslösung aber in eben diesem Moment.[241] Es ergibt sich aus dem Grundgesetz selbst, dass Art. 1 GG nicht abdingbar ist, denn Art. 18 GG sieht eine Verwirkung von Grundrechten allein im Falle eines Kampfes gegen die freiheitlich demokratische Grundordnung vor. Im Katalog des Art. 18 GG wird Art. 1 I GG noch nicht einmal genannt, woraus e contrario zu schließen ist, dass Art. 1 GG selbst in einem solchen Ausnahmefall keiner Verwirkung zugänglich ist.

(c) Zusammenfassung

Die den Instrumentalisierungseinwand ablehnenden Ansichten können argumentativ nicht überzeugen. Dem Schutz vor Objektivierung kommt im grundrechtssensiblen Bereich des Strafrechts eine besondere Bedeutung zu. Die Abbedingung dieses Schutzes hat in einem Rechtsstaat keinen Platz.

*(3) Erforderlichkeit*

Schmidt[242] wendet ein, dass die Generalprävention die Strafe deshalb nicht begründen könne, weil sie ohne Weiteres auch durch die Bestrafung eines anderen Täters erreicht werden könne. Die Bestrafung eines anderen stelle für den Täter das mildere Mittel dar und kann demnach durchaus als Einwand im Sinne der *Erforderlichkeit* dienen.

Eine Maßnahme des Staates ist dann erforderlich, wenn ein gleich wirksames, den Grundrechtsträger aber weniger beeinträchtigendes Mittel zur Verfügung

---

[239] Bereits *Aschenbrenner*, ArchCrimR Bd. IV (1801), S. 89 mahnte, dass der Verbrecher nur dann zum Wohle Dritter gebraucht werden könne, wenn seine Menschenwürde durch das Verbrechen verwirkt sei; s. a. *Greco*, Feuerbach (2009), S. 174.

[240] „Durch seine Schuld hat der Täter seinen Anspruch, als Person respektiert zu werden, teilweise verwirkt", vgl. *Kaufmann*, Das Schuldprinzip (1976), S. 201; hinsichtlich Terroristen *Jakobs*, HRRS 2006, S. 289 (293): „Jeder, der zumindest einigermaßen verläßlich Rechtstreue verspricht, hat den Anspruch, als Person im Recht behandelt zu werden. Wer dieses Versprechen nicht in glaubhafter Weise leistet, wird tendenziell fremdverwaltet; ihm werden Rechte genommen." An anderer Stelle wird die Fremdverwaltung zwecks negativer Generalprävention für rechtsstaatlich bedenklich gehalten, vgl. *Jakobs*, ZStW 117 (2005), S. 839 (850); *Schmidhäuser*, FS-Wolff (1998), S. 443 (455 ff.); *Hepp*, Kritische Darstellung (1829), S. 90 f.; „Durch die Ächtung hört der Verbrecher auf, ein Rechtssubjekt zu sein." *Dahm*, Gemeinschaft und Strafrecht (1935), S. 9.

[241] *Greco*, Feuerbach (2009), S. 176.

[242] *Schmidt*, ZStW 67 (1955), S. 177 (193); zust. *Stree*, Deliktsfolgen (1960), S. 39.

steht.[243] Zwar würde die Bestrafung eines anderen Täters den in Rede stehenden Delinquenten weniger beeinträchtigen, aber in Bezug auf den Zweck der Maßnahme – die Abschreckung Dritter – ist die Bestrafung eines anderen Täters nicht gleich wirksam, da die generelle Abschreckungswirkung des Strafrechts untergraben wird, wenn potentiellen Tätern ein Anreiz geliefert wird, auf Straflosigkeit trotz Entdeckung zu spekulieren.[244] Deshalb ist die Bestrafung jedes Täters im Sinne der negativen Generalprävention erforderlich und nicht die selektive Bestrafung einiger Täter.

*(4) Fazit*

Einer über der schuldangemessenen Strafe liegenden, generalpräventiv bestimmten Strafe steht zwar Art. 3 MRK nicht entgegen, da dieser sich nur auf die Vollstreckung der Strafe bezieht, wohl aber der in Art. 1 I GG wurzelnde Instrumentalisierungseinwand.

## bb) Positive Generalprävention

Zwar ist zuzustimmen, dass die gegen die negative Generalprävention vorgebrachten Argumente auch gegenüber der positiven Generalprävention gültig sind.[245] Nur sollen Antinomien untersucht werden; zwischen positiver Generalprävention und Schuld besteht allerdings keine Antinomie im Hinblick auf das geforderte Strafmaß.[246]

### b) Spezialprävention

Vorrangig spezialpräventive Strafzumessung lässt sich, wie bereits festgestellt wurde, tatsächlich nicht durchführen. Nun ist zu untersuchen, welche normativen Bedenken gegenüber einer zwecks spezialpräventiver Nützlichkeit schuldüberschreitenden Strafe bestehen.

## aa) Positive Spezialprävention

*(1) § 4 Abs. 1 S. 2 StVollzG*

Es ist verboten, Strafgefangene zu einer Besserungsmaßnahme zu nötigen.[247] Gemäß § 4 Abs. 1 S. 2 StVollzG sind Gefangene nicht zur Mitwirkung oder Dul-

---

[243] BVerfGE 100, 313 (375).

[244] *Kaspar*, Verhältnismäßigkeit (2014), S. 644.

[245] *Hörnle/von Hirsch*, GA 1995, S. 261 (269); zust. *Leyendecker*, (Re-)Sozialisierung (2002), S. 74.

[246] S. Kap. C., I., 2., b), bb).

[247] *Kaufmann*, Recht und Sittlichkeit (1964), S. 44; *Haffke*, MschKrim 1975, S. 246 (250 ff.); *Stratenwerth*, FS-Bockelmann (1979), S. 903 (912).

dung von Besserungsmaßnahmen verpflichtet.[248] Da der Gefangene nicht zu Besserungsmaßnahmen gezwungen werden darf, diese jederzeit freiwillig abbrechen könnte, wäre es aussichtslos, eine solche entgegen den Anforderungen des Schuldausgleichs mittels Straferhöhung erzwingen zu können.[249]

Der Richter sieht sich auch, wenn der Angeklagte zustimmen mag, Bedenken gegenüber, falls er dem besserungswilligen Angeklagten beispielsweise ermöglichen will, eine Berufsausbildung im Gefängnis abschließen zu können, und ihm deshalb eine längere Haftstrafe zubilligt, ihn also nicht zwingen möchte, sondern, so merkwürdig es klingen mag, seinen Rechtskreis erweitern möchte, indem er ihm das Recht gibt, länger im Gefängnis zu sein. Denn nur weil der Angeklagte seine Zustimmung zur Resozialisierung erteilt, ein Angebot annimmt, kann er doch andere Motive als das ernsthafte Bekenntnis zur Resozialisierung damit bezwecken, wie beispielsweise konkrete Vorteile im Strafvollzug oder eine frühere Entlassung, sodass die Zustimmung häufig nicht auf Grund intrinsischer Überzeugung, sondern wegen konkreter Aussicht auf Vorteile erteilt werden wird.[250]

Es wird wie folgt Stellung genommen: Eine Maßnahme die keine Aussicht auf Erfolg verspricht, den mit ihr verfolgten Zweck zu erreichen oder zumindest zu fördern, ist ungeeignet und deshalb illegitim.[251] Die Erfolgsaussichten der Resozialisierung des Täters durch Erhöhung der Strafe hängen auf Grund des Verbots fremdbestimmter Behandlung gemäß § 4 Abs. 1 S. 2 StVollzG von der Zustimmung des Delinquenten in Bezug auf resozialisierende Maßnahmen innerhalb des Strafvollzugs ab. Verweigert der Täter die Zustimmung zu solchen Maßnahmen, hat die Straferhöhung keine Aussicht auf Erfolg, den Täter zu resozialisieren oder dessen Resozialisierung zu fördern, und ist deshalb ungeeignet sowie illegitim. Erteilt der Delinquent seine Zustimmung zu resozialisierenden Maßnahmen im Strafvollzug, so kann die Straferhöhung die Resozialisierung des Täters zumindest fördern und ist deshalb nicht ungeeignet. Es gilt aber im Einzelfall genau zu überprüfen, ob die Zustimmung des Delinquenten zu Besserungsmaßnahmen auch ernsthaft und freiwillig erteilt wurde.

*(2) Autonomieeinwand*

Eine zwecks spezialpräventiver Nützlichkeit schuldüberschreitende Strafe ist ebenfalls verfassungsrechtlich bedenklich, wenn der Delinquent dem widerspricht. Es stellt einen Verstoß gegen die *Autonomie*[252] des Einzelnen und damit

---

[248] *Neubacher*, Strafvollzugsgesetze, Abschnitt B, Rn. 73.

[249] *Hart-Hönig*, Gerechte und zweckmäßige Strafzumessung (1992), S. 59 f.

[250] *Weigend*, Resozialisierung (2004), S. 181 (187); *Amelung*, Die Einwilligung des Unfreien, ZStW 95 (1983), S. 1 ff.

[251] BVerfGE 134, 204 (227).

[252] Das Autonomieprinzip verstanden als vorrangiger Gehalt des Art. 1 I GG bei *Koppernock*, Das Grundrecht auf bioethische Selbstbestimmung (1997), S. 20.

gegen Art. 1 I, 2 GG[253] i.V.m. Art. 19 Abs. 2 GG dar, wenn staatlicher Zwang allein durch die Erwartung eines von diesem Zwang in Zukunft ausgehenden Effektes legitimiert wird, der Delinquent seine Mitwirkung an der Resozialisierung jedoch verweigert.[254] Hegel[255] erklärte, es „ist mit der Begründung der Strafe auf diese Weise, als wenn man gegen einen Hund den Stock erhebt, und der Mensch wird nicht nach seiner Ehre und Freiheit, sondern wie ein Hund behandelt".

### (a) Den Autonomieeinwand ablehnende Ansichten

Demgegenüber gibt es die Position in der Literatur, nach welcher die zwecks spezialpräventiver Nützlichkeit schuldüberschreitende Strafe keinen Verstoß gegen die verfassungsrechtlich geschützte Autonomie des Einzelnen darstellt, wenn der Delinquent die Mitwirkung an der Resozialisierung ablehnt. Die Argumente derjenigen, die dem Autonomieeinwand widersprechen, werden im Folgenden analysiert.

(aa) Der erste Einwand, nach welchem die vorrangig spezialpräventiv bestimmte Strafe keinen Verstoß gegen die verfassungsrechtlich geschützte Autonomie des Delinquenten darstellt, ist der der *Verwirkung*: Der Delinquent habe mit der Begehung der Straftat seine Autonomie verwirkt.[256] Die Verwirkungslösung treffen die bereits bei der negativen Generalprävention erläuterten Einwände[257] – sie ist abzulehnen.

(bb) Das zweite Argument trifft den von Feuerbach gegen die Besserungstheorie erhobenen Einwand und verkehrt ihn in sein Gegenteil. Während Feuerbach[258] der Ansicht war, dass nur derjenige ein Recht zu erziehen habe, der zum Delinquenten im „vormundschaftlichem Verhältnisse" stehe, meint Röder[259], dass dem Staate in Person des Richters ein „Recht auf Bevormundung" zukomme, weil der Delinquent ein „sittlich Unmündiger"[260] sei, den es innerlich zu bekehren gelte.

---

[253] *Roxin*, FS-Müller-Dietz (2001), S. 701 (703).

[254] *Lüderssen*, Abschaffen des Strafens? (1995), S. 142 f.; *Stratenwerth*, Was leistet die Lehre von den Strafzwecken? (2018), S. 11; *Naucke*, Tendenzen in der Strafrechtsentwicklung (1975), S. 43; *Köhler*, Strafzumessung (1983), S. 36; *Müller-Steinhauer*, Autonomie und Besserung im Strafvollzug (2001), S. 182, 234 ff.; *Greco*, Feuerbach (2009), S. 435 ff.; *Hepp*, Kritische Darstellung (1829), S. 43 f.; *Kaufmann*, Recht und Sittlichkeit (1964), S. 44; *Hoyer*, Strafrecht AT I (1996), S. 9 f.; *Weigend*, Resozialisierung (2004), S. 181 (192); *Bemmann*, Strafvollzug und Menschenwürde (2004), S. 376.

[255] *Hegel*, Grundlinien der Philosophie des Rechts, 1821, § 99.

[256] „Der Verbrecher ist im Augenblick der begangenen verbrecherischen That rechtlos, und das Zwangsrecht des Staates gegen ihn ist also in so fern unendlich." *Henke*, Ueber den gegenwärtigen Stand der Criminalwissenschaft (1810), S. 133.

[257] S. Kap. C., I., 3., a), aa), (2), (b).

[258] *Feuerbach*, Anti-Hobbes, S. 204.

[259] *Röder*, Besserungsstrafe, S. 20.

[260] *Röder*, NArchCrimR, 1850, S. 412 (434).

Ein erwachsener Staatsbürger besitzt aber ein Recht auf Selbstbestimmung.[261] Deshalb bedürfte es der Darlegung, dass das Fürsorgeprinzip des Staates den absoluten Vorrang gegenüber dem Autonomieprinzip genießt. Dem ist nicht so,[262] und deshalb müsste – wenn man eine sittliche Unmündigkeit überhaupt anerkennt – entsprechend dem Instrument der „mutmaßlichen Einwilligung" gefragt werden, was der sittlich Unmündige denn wolle, und nicht, was er brauche. Dass dieser im Zweifelsfall lieber eine geringere Strafe in Kauf nimmt, folgt aus der Tatsache, dass Strafe zunächst einmal staatlicher Zwang ist. Und wenn danach gefragt würde, was denn der sittlich Mündige wolle, so kommt man zum selben Ergebnis. Die Argumentation Röders ist also abzulehnen, sie entspricht der Maxime eines paternalistischen Staates.[263]

(cc) Nach Schmidtchen[264] wird der Täter bei einer positiv-spezialpräventiven Strafzumessung (bzw. bei präventiver Strafzumessung insgesamt) nicht in seiner Würde verletzt, denn

„[e]inem potentiellen Täter kann unterstellt werden, dass er auf der konstitutionellen Ebene rationalerweise seiner eigenen Bestrafung im hypothetischen Sozialvertrag zugestimmt hätte. Wer aber seiner eigenen Bestrafung zustimmt, der wird nicht in einer die Menschenwürde verletzenden Weise instrumentalisiert."

Untersucht wird der Fall, in welchem der Delinquent seine Zustimmung zur Resozialisierung nicht erteilt oder gar verweigert hat. Es geht also an der Realität vorbei, wenn dem Beschuldigten eine Zustimmung unterstellt wird, die er tatsächlich nie gegeben hat.[265] Zudem steht eine solch fingierte Zustimmung unter der Voraussetzung, dass der Täter rational über seine Bestrafung entscheidet, was aber unrealistisch ist, da dieser weiß, dass seine Mitmenschen sich an moralischen Konventionen orientieren, und demnach nicht davon auszugehen ist, dass er seine Zustimmung zur schuldüberschreitenden Strafe erteilen würde.[266]

(dd) Letztlich gibt es die Auffassung, dass derjenige, dem geholfen werde, seine Würde nicht verliere,[267] insbesondere dann nicht, wenn er *Hilfe* benötigt.[268] Eine Strafe, die dem Delinquenten keine Chance auf Resozialisierung ermögliche, verstoße gegen die Menschenwürde, da sie nur auf bloßes Verwahren

---

[261] *Dworkin*, Die Grenzen des Lebens (1994), S. 308.

[262] *Dworkin*, Die Grenzen des Lebens (1994), S. 318 ff.

[263] Ebenso *Greco*, Feuerbach (2004), S. 441.

[264] *Schmidtchen*, FS-Lampe (2003), S. 245 (274).

[265] *Roxin*, GA 2015, 185 (195).

[266] *Hörnle*, Straftheorien (2017), S. 54 f.; *Pawlik*, Person, Subjekt, Bürger (2004), S. 25, Fn. 16.

[267] *Lüderssen*, KJ 1997, S. 179; *ders.*, Abschaffen des Strafens? (1995), S. 140.

[268] *Lüderssen*, Abschaffen des Strafens? S. 140; *ders.*, Resozialisierung (2015), S. 42 f.; zustimmend *Weigend*, Resozialisierung (2004), S. 181 (185), der aber meint, die Resozialisierung dürfe nicht aufgezwungen werden.

abziele.[269] Im Falle der Einwilligung des Delinquenten in die Strafschärfung trifft dies zu. Verweigert er eine solche, macht es im Ergebnis aber keinen Unterschied, ob der Delinquent als sittlich Unmündiger oder als sozial Hilfsbedürftiger bezeichnet wird, um eine schuldüberschreitende Strafe zu rechtfertigen, da dies ein Beispiel für einen autonomiemissachtenden Paternalismus[270] darstellt. Zudem ist die Resozialisierung voraussichtlich aussichtslos, wenn dem Beschuldigten die Resozialisierung aufgenötigt wird,[271] sodass in diesem Falle auch nicht von „Hilfe" gesprochen werden kann.

(ee) Calliess[272] meint, der Autonomiebegriff habe sich gewandelt: Zu Zeiten von Kant und Hegel sei die Autonomie ein Zustand gewesen, der erreichbar und sodann absolut war, während nach heutigem Verständnis derjenige als autonom anzusehen sei, der „die gewandelten Bedingungen der wissenschaftlich-technischen Gesellschaft mit einem Verhalten beantworte, das durch die neuen Prinzipien des ‚lifelong learning' und der ‚éducation permanent' gekennzeichnet ist".

Dass dies eine mögliche Ausdeutung des modernen Verständnisses von „Autonomie" sein mag, soll nicht in Abrede gestellt werden, wohl aber, dass derjenige, der den gewandelten Bedingungen der Gesellschaft nicht entspricht, keine Autonomie im Sinne des Grundgesetzes zu beanspruchen hat. Die Selbstbestimmungsfreiheit von (sozialen) Fähigkeiten des Einzelnen abhängig zu machen führte dazu, dass gerade ein Großteil der Straftäter, deren Verhalten nicht einem Prinzip des „lifelong learning" oder der „éducation permanent" entspricht, gegenüber staatlichen Maßnahmen schutzlos wäre.

(b) Stellungnahme

Ein Verstoß gegen Art. 1 I, 2 GG liegt bei dem einer Strafschärfung zwecks Resozialisierung widersprechenden Angeklagten vor, denn die Autonomie des Einzelnen ist eine tragende Säule des heutigen Staates, deren Abbedingung im Falle einer über die Schuld hinausgehenden Besserungsstrafe zwangsläufig zu einer illegitimen Maßnahme des Staates führte. Die Versuche in der Strafrechtswissenschaft, diesen Einwand zu entkräften, müssen als gescheitert erachtet werden.

bb) Abschreckung des Täters

Vor dem Hintergrund des Autonomieeinwands macht es keinen Unterschied, ob der Täter gegen seinen Willen zur Besserung gezwungen werden soll oder ob der

---

[269] *Bemmann*, Beiträge zur Strafrechtswissenschaft (2004), S. 376; s. a. *Hassemer*, FS-Lüderssen (2002), S. 221 (229).

[270] *Greco*, Feuerbach (2009), S. 439.

[271] *Lüderssen*, Abschaffen des Strafens? (1995), S. 142 f.

[272] *Calliess*, FS-Müller-Dietz (2001), S. 99 (117).

Täter aversiv abgeschreckt werden soll.[273] Entscheidend ist, ob der Täter seine Zustimmung zur zwecks Besserung oder Abschreckung geschärften Strafe erteilt.[274] Wird die Abschreckungsstrafe allerdings zur Disposition des Abzuschreckenden gestellt, so fehlt es an *aversiven* Stimuli, die eine Abschreckungswirkung bedingen.

Die über das Maß der Schuld hinausgehende Strafschärfung zwecks individueller Abschreckung scheitert demnach im Falle fehlender Zustimmung des Delinquenten an Art. 1 I GG, im Falle der Zustimmung an Wirkungslosigkeit.

### cc) Sicherung des Täters

Der Autonomieeinwand gilt a fortiori für die schuldüberschreitende Sicherungsprävention, da es sich bei dieser nicht um eine im Sinne des Delinquenten konstruktive Zwecksetzung handelt, sondern die Freiheitsbeschränkung mehr als essentiell, nämlich konstitutiv ist. Zudem sind weitere Einwände geltend zu machen.

*(1) Verifizierbarkeit*

Zunächst scheint es so, als sei dieses Instrument imstande, mittels unmittelbar einleuchtender Plausibilität zumindest den versprochenen Effekt ohne Rückgriff auf etwaige empirische Überlegungen zu liefern. Wer sich länger im Strafvollzug befindet, kann gegenüber dem Großteil der Gesellschaft den Großteil der Delikte nicht unmittelbar selbst begehen. Denkbar sind aber Konstellationen der mittelbaren oder Mittäterschaft. Zudem kann der Täter auch innerhalb der Strafanstalt immer noch gefängnistypische Straftaten (Körperverletzung, Diebstahl, Nötigung, etc.) zum Nachteil der anderen Insassen begehen. Die Sicherungswirkung ist also zumindest erhöht, was grundsätzlich für den Sicherungszweck spricht.

*(2) Verfassungsrechtliche Einwände*

Der mit der Sicherung des Täters einhergehenden Freiheitsbeschränkung ist aus verfassungsrechtlicher Sicht ein marginaler Anwendungsbereich eröffnet. Zwar ist die Sicherung des Täters zwecks Vermeidung des Rückfalls unter Gesichtspunkten der Geeignetheit und Erforderlichkeit nicht zu beanstanden, denn der Sicherungseffekt steigert sich proportional zur Länge der Freiheitsstrafe, allerdings steht das Kriterium der Angemessenheit im Wege. So wäre die Sicherung des Täters nur dann angemessen, wenn vom Täter eine Gefahr für ein

---

[273] So auch *Neumann/Schroth*, Neuere Theorien (1980), S. 21.
[274] *Hart-Hönig*, Gerechte und zweckmäßige Strafzumessung (1992), S. 66.

Rechtsgut ausgeht, welches schwerer wiegt als die Freiheit des Delinquenten,[275] und zudem auch gewisse tatsächliche Anhaltspunkte dafür vorliegen, dass derjenige eine solche begehen wird. Im Falle von Delikten geringer oder mittlerer Schwere stünde der intensive Eingriff in die Freiheit des Delinquenten außer Verhältnis zum Zweck der Verhinderung von Bagatell- oder Durchschnittskriminalität.[276] Damit sind zunächst alle Fälle ausgeschlossen, in welchen vermutet wird, dass der Täter ein Delikt begehen würde, welches ein Rechtsgut beeinträchtigte, das weniger wiegt als die Freiheit des Delinquenten. So könnte man niemals auf Grund der Vermutung einer erneuten Steuerhinterziehung oder eines Diebstahls mit dem Sicherungsaspekt eine Schuldüberschreitung rechtfertigen.

Der Anwendungsbereich der Sicherung beschränkt sich auf Grund des Verhältnismäßigkeitsgrundsatzes auf Schwerstkriminalität und damit auf hohe zu erwartende Schuldstrafen.

Hinsichtlich langer Strafen lässt sich die Gefährlichkeit des Täters nicht in einer dem Gebot rechtsstaatlicher Kontrolle[277] (Art. 103 II GG) hinreichend entsprechenden Weise prognostizieren,[278] da niemand imstande ist, anhand verifizierbarer Kriterien zu prognostizieren, ob der Angeklagte in beispielsweise acht Jahren noch gefährlich sein wird.[279]

*(3) Vorrang des Maßregelrechts*

Die Schuldüberschreitung zwecks Sicherungsprävention setzt die Feststellung eines Sicherungsbedürfnisses voraus. Bei Feststellung eines Sicherungsbedürfnisses sind jedoch auch einige Maßregeln zur Besserung und Sicherung anwendbar, weshalb sich aus systematischen Gründen ergibt, dass die Sicherung keinen Zweck unmittelbarer Strafzumessung darstellt, sondern Aufgabe und Ziel des Maßregelrechts ist.[280]

*c) Zusammenfassung*

Die innerhalb dieses Kapitels vorgenommene normative Analyse der Präventionszwecke lässt sich im Hinblick auf die Schuldüberschreitung wie folgt zusammenfassen: Die normativen Einwände sprechen eindeutig gegen einen Vor-

---

[275] *Koller,* ZStW 91 (1979), S. 67 (68) meint, die Sicherung sei nicht einschlägig, wenn die Sicherung mehr Leid zufügt als die Straftat selbst.

[276] *Kaspar,* Verhältnismäßigkeit (2014), S. 696.

[277] *Greco,* Feuerbach (2009), S. 451 f.

[278] *Frisch,* ZStW 99 (1987), S. 349 (366).

[279] *Roxin,* JuS 1966, S. (377) 379.

[280] *Greco,* Feuerbach (2009), S. 450; *Hart-Hönig,* Gerechte und zweckmäßige Strafzumessung (1992), S. 66; *Henkel,* Die „richtige" Strafe (1969), S. 42.

rang der Präventionszwecke relativ zum Zweck des Schuldausgleichs; aus normativer Perspektive ist die Schuldstrafe gegenüber der Prävention vorrangig.

Die negative Generalprävention verstößt im Falle der Schuldüberschreitung gegen Art. 1 I GG, da sie zu einer Objektivierung des Delinquenten führt. Ebenso verhält es sich mit der positiven sowie der negativen Spezialprävention: Sollte der Delinquent seine Zustimmung nicht erteilt haben, so liegt eine verfassungsrechtlich nicht zu rechtfertigende Missachtung der Autonomie des Delinquenten vor, Art. 1 I, 2 GG.

Auch im Falle der Zustimmung des Delinquenten ist es normativ nicht zu rechtfertigen, eine schuldüberschreitende Strafe zwecks negativer Spezialprävention zu verhängen. Im Falle der Zustimmung des Delinquenten zur individuellen Abschreckung ist dieser ihre Wirkung genommen und sie ist deshalb ungeeignet. Bei Zustimmung des Delinquenten zur Sicherung seiner selbst ist unterhalb des Bereichs der Schwerstkriminalität aus verfassungsrechtlichen Gründen ohnehin kein Anwendungsbereich für eine Strafschärfung eröffnet. Steht eine längere Haftstrafe bei gleichzeitiger Feststellung eines Sicherungsbedürfnisses im Raum, so ist die Anwendung des Maßregelrechts geboten.

Eine schuldüberschreitende Strafe entgeht nur dann dem Autonomieeinwand, wenn der Täter seine *autonome* Zustimmung zwecks Resozialisierung erteilt.

### 4. Schuldunterschreitung

Im Lichte der empirischen sowie normativen Defizite der Präventionszwecke ist eine Schuldüberschreitung nicht zu rechtfertigen. Nun wird untersucht, ob es legitim ist, auf Grund spezialpräventiver Nützlichkeit hinter dem durch die Schuld präjudizierten Strafmaß zurückzubleiben. In der Forschung gibt es in Bezug auf die „Schuldunterschreitung" eine Kontroverse,[281] die im Folgenden analysiert wird.

---

[281] Pro: *Hoyer*, FS-Ostendorf (2015), S. 435; *Frisch*, ZStW 96 (1987), S. 349 (369); *Günther*, JZ 1989, 1025 (1029); *Ostendorf*, StV 2014, S. 766; *Roxin*, FS-Müller-Dietz (2001), S. 701 (704); *Lackner*, Über neue Entwicklungen in der Strafzumessungslehre (1978), S. 25; *Meier*, Sanktionen (2015), S. 167 f.; *ders.*, JuS 2005, S. 769 (770); *Tomforde*, Unterschreitung der schuldangemessenen Strafe (1999), S. 155 ff.; *Winghofer*, Strafzwecke (2020), S. 309, 314; auf das „Fairness"-Prinzip abstellend *Streng*, FS-Müller-Dietz (2001), S. 903; *Marquardt*, Dogmatische und kriminologische Aspekte des Vikariierens von Strafe und Maßregel (1970), S. 158; *Roxin*, FS-Schultz (1977), S. 173 ff.; *ders.*, ZStW 96 (1984), S. 641 (657); *Roxin/Greco*, Strafrecht AT I (2020), § 3 Rn. 54; *Jescheck*, GA 1959, S. 65 (71); Schuld sei nur limitierend, nicht aber konstitutiv für die Strafzumessung, s. *Schünemann*, GA 1986, S. 293 (310); *Blei*, JA 1971, 165.
Contra: *Horn*, FS-Bruns (1978) S. 173 ff.; *Horn/Wolters*, in: SK-StGB, § 46 Rn. 22; *Henkel*, Die „richtige" Strafe (1969), S. 50; *Jescheck/Weigend*, AT, § 82 S. 879; LK-StGB/*Schneider*, § 46 Rn. 30; *Frisch*, FS-Kaiser (1988), 765 (786); *Dölling*, FS-Lampe (2003), S. 597 (600); *Streng*, Sanktionen (2012), S. 548; *Bruns*, Strafzumessungsrecht (1985), S. 323; *ders.*, FS-Welzel (1974), S. 747; *ders.*, MDR 1987, S. 177 ff.; *Bruns/*

### a) Anwendungsbereich

Schuldunterschreitung kommt nicht bei jedweder im Raum stehenden Schuldstrafe in Betracht. Entsozialisierungsfolgen entstehen nämlich nicht durch die Verhängung der Strafe; der Täter wird dadurch, dass er aus der Gesellschaft herausgezogen und seiner Freiheit tatsächlich beraubt wird, entsozialisiert. Besteht die Möglichkeit, von der Vollstreckung der Freiheitsstrafe abzusehen (§ 56 StGB), so ist die Unterschreitung der Schuldrahmenuntergrenze zwecks (negativ-) positiver Spezialprävention nicht notwendig und zulässig.[282] Das Problem der Schuldunterschreitung stellt sich deshalb nur jenseits des aussetzungsfähigen Bereichs (ab über zwei Jahren Freiheitstrafe).

### b) Auslegung

#### aa) Wortlaut

Soweit es um den Wortlaut des § 46 Abs. 1 StGB geht, finden sich bereits die ersten Kontroversen, die im Zusammenhang mit dem Wort „Grundlage" die Relevanz des Schuldgedankens unterschiedlich interpretieren.

Gleichbedeutend mit dem Ausdruck „Ausgangspunkt"[283] könnte in der Tat angenommen werden, dass mit dem Wort „Grundlage" zum Ausdruck gebracht werden soll, dass dem Richter der Einstieg in die Strafzumessung durch die Schuld lediglich ermöglicht werden solle und darüber hinaus auch von dieser (nach unten) abgewichen werden könne.[284] Problematisch ist dann nur die Formulierung der Grundlagenformel insgesamt, denn wenn damit nur gemeint ist, dass die Verhängung der Schuldstrafe fakultativ ist, während im Gegensatz dazu die Berücksichtigung der Spezialprävention (Abs. 1 S. 2) als obligatorisch anzusehen ist, wäre zu fragen, warum die Strafzumessung sich nicht ausschließlich von präventiven Gesichtspunkten leiten lassen sollte und dies nicht auch in Abs. 1 so niedergeschrieben wurde. Dass mit der Grundlagenformel eine fakultative Verhängung der Schuldstrafe gemeint ist, scheidet aus.

Es lässt sich zwar festhalten, dass der Wortlaut des § 46 Abs. 1 StGB einer Schuldunterschreitung nicht „von vornherein entgegen" steht,[285] ein anderes Ver-

---

*Güntge*, Das Recht der Strafzumessung (2019), S. 110; *Greco*, Feuerbach (2009), S. 448 (innerhalb des Gesetzlichkeitsprinzips, also des Schuldrahmens dürfe die (negativ-) positive Spezialprävention berücksichtigt werden); dem § 59 AE im Hinblick auf die Schuldunterschreitung mit Bedenken gegenüberstehend *Gallas*, ZStW 80 (1968), S. 1 (4); nur in Ausnahmefällen *Zipf/Dölling*, in: Maurach/Gössel/Zipf, Strafrecht AT (2014), § 63 Rn. 81.

[282] *Horn*, FS-Bruns (1978) S. 175; *Bruns*, MDR 1987, S. 177 (178).

[283] Duden, Synonymwörterbuch, S. 470.

[284] *Horstkotte*, JZ 1970, 122 (124).

[285] *Roxin*, FS-Schultz (1977), S. 473.

ständnis ist jedoch naheliegender: Das Wort Grundlage ist eher im Sinne von „Fundament" zu verstehen,[286] welches essenziell für alles darauf Stehende ist und deshalb bildlich gesprochen aussagt, dass jedwedes spezialpräventives Konstrukt auf dem Beton der Schuldstrafe stehen muss und sonst keinen Teil der Strafzumessung darstellt.

Der Wortlaut untermauert die Legalität der Schuldunterschreitung jedenfalls nicht. Fest steht allerdings, dass der Gesetzgeber die Formulierung absichtlich offen gewählt hat, sodass Rechtsprechung und Lehre die genaue Ausgestaltung überlassen bleibt,[287] weshalb die Wortlautauslegung als Methodik hier auszuscheiden hat.

### bb) Entstehungsgeschichte

Die Entstehungsgeschichte des § 46 StGB (§ 13 a.F.) zeigt, dass eine Schuldunterschreitung nicht beabsichtigt war. Blickt man auf die 52. Sitzung der Großen Strafrechtskommission zurück, so zeigt sich, dass das – die Möglichkeit der Schuldunterschreitung im Umkehrschluss implizierende – Schuldüberschreitungsverbot bereits vor Veröffentlichung des § 59 AE[288] mehrheitlich befürwortet worden war.[289] In der 115. Sitzung wurde dies jedoch revidiert.[290] Die Gründe dafür, dass die Große Strafrechtskommission sich gegen die starre Lösung des Schuldüberschreitungsverbotes und für die Grundlagenformel entschieden hat, bestanden in der Einsicht, dass die Schuld ein „zweiseitiges Prinzip" darstellt.[291] Es wurde darauf hingewiesen, dass eine „Aufweichung der Strafzumessung nach unten überaus bedenklich wäre".[292] Sie sollte zwar eine Korrektur der Strafe nach unten zulassen, dies jedoch nur, solange sie „gerechter Ausgleich für menschliche Schuld" ist.[293]

---

[286] Auf den Wortlaut abstellend *Bruns/Güntge*, Strafzumessung (2019), Kapitel 7 Rn. 28; *Schaffstein*, FS-Gallas (1973), S. 99 (105): „[...] für eine Strafe, die unterhalb des durch die Schuld bestimmten Rahmens liegt, kann nun einmal nicht mehr gesagt werden, dass für ihre Zumessung die Schuld des Täters Grundlage gewesen sei."

[287] S. Kap. C., I., 1., d).

[288] § 59 AE (1) Die Tatschuld bestimmt das Höchstmaß der Strafe. (...). (2) Das durch die Tatschuld bestimmte Maß ist nur insoweit auszuschöpfen, wie es der Wiedereingliederung des Täters in die Rechtsgemeinschaft oder der Schutz der Rechtsgüter erfordert; diese Formulierung als (Neu-)Formulierung des § 46 StGB fordernd *Tomforde*, Unterschreitung der schuldangemessenen Strafe (1999), S. 152.

[289] Niederschr. Band IV (1956), S. 387.

[290] S. Kap. C., I., 1., c), cc).

[291] *Schaffstein*, FS-Gallas (1973), S. 99 (105).

[292] So *Dreher* vor der Großen Strafrechtskommission, Niederschr. Band XII (1959), S. 45; *Fritz* war der Ansicht, „daß das Unterschreiten in einem vernünftigen Verhältnis zur Schuld stehen muß", Niederschr. Band XII (1959), S. 49.

[293] E 1962, S. 96.

Die Entstehungsgeschichte des § 46 StGB (§ 13 a. F.) ist, wie gezeigt, von inhaltlichen Widersprüchen behaftet und taugt insbesondere zur Auslegung der Schuldunterschreitung nicht, da im Rahmen der Bundestagsdebatte hinsichtlich dieser Frage keine hinreichende Einigkeit erzielt werden konnte.[294]

### cc) Systematisch

Die Befürworter der Schuldunterschreitung stützen sich unter systematischen Gesichtspunkten auf zwei Argumente: Zum einen lasse das Gesetz selbst vielfach einen spezialpräventiv motivierten Verzicht auf die Schuldstrafe erkennen.[295] Zum anderen bestehe ein Regelungsvakuum zur Vermeidung entsozialisierender Folgen des Strafvollzugs jenseits der 2 Jahresgrenze.[296]

### (1) Zum allgemeinen Rechtsgedanken

In der Tat lässt das Gesetz vielfach einen spezialpräventiv motivierten Verzicht auf die Schuldstrafe verlautbaren (z. B. §§ 47, 56, 59 StGB; § 153 StPO); ob sich daraus ein allgemeiner Grundsatz ableiten lässt, der für § 46 Abs. 1 StGB verbindlich wäre, soll in diesem Abschnitt untersucht werden.

Zunächst lässt eine ebenfalls im aussetzungsfähigen Bereich stehende Vorschrift keinen spezialpräventiv motivieren Verzicht auf die Schuldstrafe erkennen: So darf – entgegen der in dieser Arbeit vertretenen Ansicht[297] – gemäß § 60 StGB nur von Strafe abgesehen werden, wenn die Forderungen sowohl der Spezialprävention als auch der Schuld verstummen.[298] Dem behaupteten allgemeinen Rechtsgedanken widerspricht diese Regelung,[299] sodass sich ein für das gesamte Strafzumessungssystem – und damit auch für § 46 Abs. 1 StGB – verbindlicher Schluss aus systematischer Perspektive (noch) verbietet. Und auch, wenn ein solcher allgemeiner Rechtsgedanke vielen Vorschriften innewohnt, so ist dies noch kein Argument für die Zulässigkeit der Schuldunterschreitung, denn es wäre e contrario zu fragen, weshalb die Schuldunterschreitung dann nicht entsprechend diesem Rechtsgedanken auch für die Strafhöhenbemessung niedergeschrieben wurde. Im Ergebnis lässt sich aus Vorschriften, die einen spezialprä-

---

[294] S. Kap. C., I., 1., c), cc).

[295] *Roxin*, FS-Schultz, 463 (476 f.); *Lackner*, Über neue Entwicklungen in der Strafzumessungslehre (1978), S. 25; *Frisch*, ZStW 96 (1987), S. 349 (369); *Jescheck*, GA 1959, S. 65 (71).

[296] *Roxin*, FS-Schultz, 463 (478); zust. *Lackner*, Über neue Entwicklungen in der Strafzumessungslehre (1978), S. 25; *Frisch*, ZStW 96 (1987), S. 349 (369).

[297] S. Kap. D., II., 5.

[298] BGH NJW 1978, 768.

[299] *Bruns/Güntge*, Strafzumessung (2019), Kapitel 7 Rn. 29.

ventiv motivierten Verzicht auf die Schuldstrafe erlauben, kein allgemeiner Rechtsgedanke ableiten, der für die Strafhöhenbemessung bindend ist.

*(2) Zum Regelungsvakuum*

Befürworter der Schuldunterschreitung argumentieren, dass oberhalb des aussetzungsfähigen Bereichs kein rechtliches Instrument existiere, um der drohenden Entsozialisierung des Täters bei langen Freiheitsstrafen entgegenzuwirken, sodass die Unterschreitung zu diesem Zweck notwendig sei.[300] Ob dieses Argument zutrifft wird analysiert.

Die Gefahr der Entsozialisierung des Täters durch den Strafvollzug wird am *geeignetsten* dadurch verhindert, dass eine etwa verhängte Freiheitsstrafe nicht vollzogen wird.[301]

Bevor man zu der Frage Stellung bezieht, ob ein Regelungsvakuum besteht, ließe sich fragen, weshalb der Gesetzgeber die Wirkung des § 56 StGB überhaupt limitiert hat, wenn er doch das Problem der entsozialisierenden Folgen des Strafvollzuges erkannt hat.[302] Dabei wurde bereits 1962 gefordert, die aus kritischer Perspektive „willkürlichen" Grenzen auszuweiten, da die Aussetzungsregeln auch bei längeren Freiheitsstrafen „sinnvoll" seien.[303] Gegen die Ausweitung einer solchen Grenze wurde jedoch die Angst vor einer „schweren Schwächung der Strafrechtspflege" angeführt.[304] Ob eine solche Grenze nach oben verschoben werden müsse, sei jedoch „zu gegebener Zeit zu überprüfen".[305] Nun

---

[300] „Gleichwohl kann man nicht annehmen, dass der Gesetzgeber bei längeren Strafen ungerührt in Kauf nehmen wollte, was er bei kürzeren Freiheitsstrafen durch kunstvolle Umwandlungs- und Aussetzungsvorschriften zu vermeiden trachtet. [...] [S]o kann das nur bedeuten, dass auch insoweit einer Entsozialisierung durch überlangen Strafvollzug mittels einer Schuldunterschreitung vorgebeugt werden darf [...]", *Roxin*, FS-Schultz, 463 (478); zust. *Lackner*, Über neue Entwicklungen in der Strafzumessungslehre (1978), S. 25; „Es geht im Grunde um nichts weiter als die Fortführung all dieser gesetzlichen Regelungen in Richtung auf einen Komplex von Konstellationen, der in seiner Differenziertheit schwer regelbar ist, sich aber in der geschilderten Form durchaus mit den holzschnittartigen gesetzlichen Regelungen in Einklang bringen läßt und bei der gebührenden Berücksichtigung legitimationsbezogener Formen der Problemlösung anders als in der geschilderten Weise gar nicht gelöst werden kann", *Frisch*, ZStW 96 (1987), S. 349 (369).

[301] *Horn*, FS-Bruns (1978), S. 165 (175).

[302] E 1962, S. 197: „Diese Beschränkung auf Fälle der leichteren Kriminalität ist vor allem von den Vertretern der Wissenschaft angegriffen worden mit der Begründung, daß es kriminalpolitisch sinnvoll sein könne, auch höhere Strafen zur Bewährung auszusetzen, und daß die Grenze bei neun Monaten willkürlich sei."

[303] E 1962, S. 197.

[304] Ebenda.

[305] Ebenda.

könnte man in der Tat davon ausgehen, dass die Grenze des § 56 StGB im Sinne konsequenter (negativ-)positiver Spezialprävention anzuheben sei,[306] und da das Gesetz diese starren Grenzen festsetze, jenseits der Zweijahresmarke ein Regelungsvakuum bestehe. Dann aber ist konsequent zu fordern, dass die Grenzen des § 56 StGB angehoben werden und nicht die *effektive Verbüßungsdauer gemindert* wird.

Jenseits der Grenze des § 56 hält das Gesetz den § 57 StGB bereit, der eine *Minderung der effektiven Verbüßungsdauer* in Abhängigkeit von spezialpräventiven Erwägungen[307] bis um ein Drittel (Abs. 1) erlaubt. Letztlich ist dies der Paradefall der Schuldunterschreitung, wenn die Vorschrift bezweckt, dem Umstand entgegenzuwirken, „dass die Schwierigkeiten des Gefangenen bei der Wiedereingliederung mit zunehmender Vollzugsdauer größer werden".[308] Aus diesem Grunde besteht bereits kein behauptetes Regelungsvakuum,[309] solange man nicht behaupten will, dass der generalpräventive Minimalvorbehalt unter dieser Ein-Drittel-Grenze anzusiedeln sei.[310]

Wer Entsozialisierung bei langen Freiheitsstrafen verhindern will, sollte konsequenterweise fordern, dass die Grenzen des § 56 ausgedehnt werden; jenseits der Grenze des § 56 ist § 57 Abs. 1 StGB ein Paradefall für die *Minderung effektiver Verbüßungsdauer* zwecks Entsozialisierungsprävention.[311] Ein behauptetes Regelungsvakuum existiert also nicht.

### dd) Zum Einwand der Normrelativierung

(a) Einige Autoren sind der Ansicht, die Verweigerung der indizierten Schuldunterschreitung führe zu einer Strafe, die ihre Legitimation durch soziale Notwendigkeit vermissen lasse.[312] Dem ist nicht zu folgen, da Schuldausgleich und positive Generalprävention zwei Seiten derselben Medaille sind:[313] Die Verhängung der schuldangemessenen Strafe wirkt stets normbestätigend.[314]

---

[306] Ähnlich *Horn*, FS-Bruns (1978), S. 165 (177 f.).

[307] Erster schriftlicher Bericht des Sonderausschusses für die Strafrechtsreform, BT-Drucks. V/4094, S. 13; bestätigt durch BVerfG NJW 1994, 378.

[308] *Meier*, Sanktionen (2015), S. 139.

[309] *Horn*, FS-Bruns (1978), S. 165 (180 f.); zust. *Frisch*, FS-Kaiser (1988), S. 765 (786); *Bruns*, MDR 1987, S. 177 (178); *Henkel*, Die „richtige" Strafe (1969), S. 50; *Gallas*, ZStW 80 (1968), S. 4.

[310] *Horn*, FS-Bruns (1978), S. 165 (180 f.); *Horn/Wolters*, in: SK-StGB, § 46 Rn. 22.

[311] *Horn*, FS-Bruns (1978), S. 165 (180 f.).

[312] *Roxin*, FS-Müller-Dietz (2001), S. 701 (704).

[313] *Haas*, Strafbegriff, Staatsverständnis und Prozessstruktur, S. 265.

[314] *Jakobs*, Strafrecht AT (1991), 1. Buch, 1. Abschnitt, Rn. 34; *ders.*, Schuld und Prävention (1976), S. 31 f.

(b) Ferner wurde behauptet, es gebe noch ein unter der Schuldrahmenuntergrenze anzusiedelndes „[positiv] generalpräventives Minimalstrafmaß".[315] Ein solches gibt es entsprechend den obigen Ausführungen nicht, denn zum einen wird eine Strafe, die hinter dem Maß der Schuld zurückbleibt, nie als zur Verteidigung des Rechts hinreichend angesehen;[316] zum anderen mangelt es an Kriterien, ein solches im Einzelfall nicht nur zu bestimmen,[317] sondern auch in ein konkretes Strafmaß umzuwandeln,[318] weshalb die Anhänger der Schuldunterschreitung ein Kriterium schuldig bleiben, welches die Schuldunterschreitung zu limitieren imstande ist, ohne eine grenzenlose Schuldunterschreitung bis hin zum Absehen von Strafe zu ermöglichen.

(c) Da sich sowohl schuldunterschreitende als auch schuldangemessene Strafe präventiv legitimieren lassen, findet nach Auffassung einiger Autoren[319] der Verhältnismäßigkeitsgrundsatz mit der Maßgabe Anwendung, dass die „Eingriffe in die generalpräventiven Belange und diejenigen in die spezialpräventiven Erfolgsaussichten in ihrer Schwere gegeneinander abgewogen werden". Eine „spezialpräventiv angezeigte [...] Milde kann also zulässig bzw. gegebenenfalls sogar geboten sein und berechtigt dann zu einer Unterschreitung des [...] [Schuld]-Rahmens".[320]

Im zu untersuchenden Antinomiefall handelt es sich jedoch um jenen Fall, in welchem spezialpräventiv gebotene Abmilderungen aus Perspektive der positiven Generalprävention nicht erlaubt sind, da die Bedeutung der Norm sonst relativiert wird.[321] Auch wenn man eine Unterschreitung der Schuldrahmenuntergrenze nur

---

[315] *Roxin*, FS-Schultz, S. 463 (478); zust. *Lackner*, Über neue Entwicklungen in der Strafzumessungslehre (1978), S. 25; *Günther*, JZ 1989, S. 1025 (1029); einschränkend: „In manchen Fällen, aber durchaus nicht immer, sorgt schon die Untergrenze des Strafrahmens für die Beachtung des ‚generalpräventiven Minimums'", *Roxin/Greco*, Strafrecht AT I (2020), § 3 Rn. 41.

[316] *Frisch*, FS-Kaiser (1988), S. 765 (786).

[317] *Roxin*, FS-Schultz, S. 463 (480).

[318] Zu den empirischen Defiziten der positiven Generalprävention, s. Kap. C., I., 2., b), bb); eine solche Möglichkeit leugnend *Horn*, FS-Bruns (1978), S. 165 (176).

[319] *Ostendorf*, StV 2014, S. 766; *Hoyer*, FS-Ostendorf (2015), S. 435; *Hoyer*, Plädoyer, S. 427 ff.

[320] *Hoyer*, FS-Ostendorf (2015), S. 435 (448).

[321] *Frisch*, GA 2019, 185 (186); *ders.*, GA 2015, 65 (77 f.); *Streng*, Sanktionen (2012), Rn. 548; *ders.*, Strafzumessung und relative Gerechtigkeit (1984), S. 14: „Die Normhierarchie der Bürger kann durcheinandergeraten, das Rechtsgefühl leiden, wenn – insbesondere im Bereich wichtiger Rechtsgüter – große und offensichtliche Strafzumessungsdiskrepanzen den Rang des Rechtsguts und der verletzten Norm unklar werden lassen."; abstellend auf den *sozialen Zweck* der Norm *Jescheck/Weigend*, AT, § 82 IV 5 b); *Jakobs*, Schuld und Prävention, S. 32; *Horstkotte*, JZ 1970, S. 122 (125): „[...] Generalprävention [wird] am wirksamsten dadurch geübt [...], daß die Rechtsgemeinschaft eine gleichmäßige Handhabung der Strafzumessung erlebt, die weder durch abschreckende Härte noch durch eine spezialpräventiv nicht gebotene Milde hervortritt."; a. A. *Frisch*, ZStW 96 (1987), S. 349 (369): „Denn dafür, daß durch eine solch be-

in Ausnahmefällen zulassen will, so widerspricht eine auf Dauer praktizierte Schuldunterschreitung dem Gerechtigkeitsgefühl der Allgemeinheit[322] und damit dem Anliegen der Herstellung von Vertrauen in die Rechtsordnung und der Normbekräftigung.[323] Die Nachteile für das Wohl der Allgemeinheit überwiegen im Falle der (grenzenlos unbestimmten) Schuldunterschreitung.

### ee) Zum Einwand der hohen Kosten

Der Nutzen der Schuldunterschreitung wird auch darin erblickt, dass Gefängnisaufenthalte hohe Kosten verursachen, weshalb diese möglichst zu vermeiden sind.[324] Dies ist jedoch kein Argument für die Schuldunterschreitung allein, sondern gegen die Existenz von Gefängnissen allgemein.

### c) Stellungnahme

Auch im Szenario der Schuldunterschreitung zwecks Verhinderung von Entsozialisierung hat die Schuld den Vorrang gegenüber der (negativ-)positiven Spezialprävention. Die Unterschreitung der Schuld war vom Gesetzgeber nicht programmatisch erwünscht; konsequenterweise müsste die Ausweitung der Grenzen des § 56 StGB gefordert werden; die mit zunehmender Vollzugsdauer größer werdende Gefahr der Entsozialisation des Delinquenten kann durch Anwendung des § 57 StGB abgewendet werden, sodass es keiner (weiteren) Regelung zur Minderung der effektiven Verbüßungsdauer bei der Strafhöhenbemessung bedarf. Die Schulunterschreitung schon bei der Gefahr der Entsozialisierung des Täters zuzulassen, umgeht ferner die (engeren) Anwendungsvoraussetzungen des § 57 StGB. Ein generalpräventives Minimalstrafmaß, welches die Schuldunterschreitung nach unten hin begrenzen könnte, existiert nicht, sodass kein Kriterium ersichtlich ist, welches grenzenloser Schuldunterschreitung Einhalt gebieten könnte. Letztlich führt die Schuldunterschreitung zu einer ungleichmäßigen Strafzumessung und damit zu einer Relativierung der Norm. Sie ist als Programm richterlicher Entscheidungsfindung in Ermangelung eines der (negativ-)positiven Spezialprävention innewohnenden Maßprinzips nicht durchführbar, denn sie präjudiziert keine vollstreckbare Freiheitsstrafe.

---

grenzte und rational motivierte, bei realistischer Einschätzung ohnehin nur relativ seltene und dann als Ausnahme behandelte Praxis das Rechtsbewußtsein der Bevölkerung Schaden nehmen könnte, gar potentielle Täter sich zu Straftaten entschließen könnten, fehlt jedweder empirische Beleg; entsprechende Annahmen wären blanke Spekulationen und Fiktionen."

[322] *Streng*, Sanktionen (2012), Rn. 548; *Jescheck/Weigend*, AT, § 82 IV 5 b).

[323] *Jescheck/Weigend*, AT, § 82 IV 5 b); *Jakobs*, Strafrecht AT (1991), 17. Absch. Rn. 31.

[324] *Winghofer*, Strafzwecke (2020), S. 309 meint, ein Gefangener koste pro Tag 111,55 EUR (NRW).

## 5. Fazit

Bei der Strafhöhenbemessung ist die Schuld vorrangig gegenüber den Präventionszwecken; die Schuld darf aus präventiven Erwägungen weder über- noch unterschritten werden.

Hinsichtlich der Schuldüberschreitung ergibt sich dies zunächst daraus, dass ein vorrangig präventives Strafrecht tatsächlich undurchführbar ist. Weder sind die zur Belastung des Delinquenten notwendigen Wirkungszusammenhänge von Strafe und präventiven Effekten hinreichend erforscht, noch existieren Erfahrungssätze, welche das Gericht befähigen, unmittelbar präventive Strafzumessung zu betreiben. Hinzukommend würde vorrangig präventive Strafzumessung im Antinomiefall gegen die Verfassung verstoßen. In diesem Fall steht der Spezialprävention der *Autonomieeinwand* entgegen; der Generalprävention steht der *Instrumentalisierungseinwand* entgegen.

Die Unzulässigkeit einer Schuldunterschreitung ergibt sich zum einen aus systematischen Gründen, da der Vermeidung von Entsozialisierung durch überlangen Strafvollzug mittels § 57 StGB entgegengewirkt werden kann, zum anderen aus dem Umstand, dass eine auf Dauer praktizierte Schuldunterschreitung das Vertrauen der Bevölkerung in die Rechtsordnung nachhaltig beschädigen würde. Ferner kann diese auch gar nicht betrieben werden, da der (negativ-)positiven Spezialprävention kein Maßprinzip innewohnt, welches die Strafe unter der Schuldrahmenuntergrenze präjudizieren könnte.

Insoweit kann die grundsätzliche These der Spielraumtheorie bestätigt werden, allerdings ist damit in Hinblick auf die Rationalität im Strafzumessungsvorgang noch wenig gewonnen, da das Vorrangverhältnis der Präventionszwecke innerhalb des Schuldrahmens noch zu bestimmen ist.

## II. Antinomien der Präventionszwecke innerhalb des Schuldrahmens

Nicht nur Schuld und Prävention können sich antinomisch gegenüberstehen, sondern auch die Präventionszwecke selbst können in Bezug auf die Strafhöhe zu widersprüchlichen Forderungen kommen. Unter Berücksichtigung der Erkenntnis, dass die Strafe auch aus Gründen der Prävention das Maß der Schuld nicht unter- oder überschreiten darf, und der Tatsache, dass sich ein gewisses Quantum an Präventionsbedürfnis nicht in ein konkretes Strafmaß umsetzten lässt, präjudizieren die Präventionszwecke innerhalb des Schuldrahmens entweder die Verhängung einer Strafe am oberen Ende des Schuldrahmens oder verlangen die Verhängung der ‚schon-angemessenen‘ Schuldstrafe; sie können nur die ‚Richtung‘ der Strafzumessung innerhalb des Schuldrahmens bestimmen.

Die Antinomie der Präventionszwecke wird unter anderem deshalb als Einwand gegen die Spielraumtheorie vorgebracht, weil diese behauptet, durch die

Prävention die Schuldstrafe innerhalb des Schuldrahmens konkretisieren zu können, was im (ungeklärten) Antinomiefall freilich unmöglich ist.[325] Es bedarf hier einer Darlegung des Vorrangs eines Präventionszwecks, um auch im Antinomiefall der Präventionszwecke die Schuldstrafe konkretisieren zu können.

Auszuklammern ist an dieser Stelle die positive Generalprävention, denn sie fordert ein Strafmaß, welches der Schuld entspricht.[326] Zu untersuchen sind deshalb Antinomiefälle zwischen negativer, positiver und (negativ-)positiver Spezialprävention sowie der negativen Generalprävention.

## 1. Das Verhältnis zwischen positiver und (negativ-)positiver Spezialprävention

Es gilt die Frage zu klären, welche Strafe innerhalb des Schuldrahmens durch den positiven Aspekt der Spezialprävention gefordert wird. Dabei ist davon auszugehen, dass die positive Spezialprävention die Verhängung einer Strafe am oberen und die (negativ-)positive Spezialprävention eine Verhängung am unteren Ende des Strafrahmens präjudiziert.

### a) Folgen der bisherigen Untersuchung

Zwar steht der Wortlaut des § 46 Abs. 1 S. 2 StGB keiner der Alternativen entgegen und auch die Entwicklungsgeschichte zeigt, dass eine Strafschärfung zwecks Besserung ausdrücklich erwünscht war,[327] dennoch kann eine Legalprognose auf Grund ihrer methodisch-empirischen Probleme nur als reine Vermutung gelten. Zum anderen lässt sich der Besserungsprävention der Autonomieeinwand entgegenhalten, denn es lässt sich mit Recht fragen, weshalb eine Strafhöhe über dem „unvermeidlichen Minimum an Autonomiebeeinträchtigung"[328] (= Schuldrahmenuntergrenze) verhängt werden sollte.

### b) Verhältnismäßigkeit

Schon Beccaria[329] schrieb: „Diejenigen Strafen also und diejenigen Mittel ihres Vollzugs verdienen den Vorzug, die [...] den wirksamsten und nachhaltigsten Eindruck in den Seelen der Menschen zurücklassen, für den Leib des Schuldigen hingegen so wenig qualvoll wie möglich sind." Hier ist deshalb zu klären, ob im Hinblick auf die realen Folgen des Freiheitsentzuges (Strafvollzug) nur die Ver-

---

[325] „Antinomie der Präventionszwecke", s. *Horn/Wolters*, in: SK-StGB, § 46 Rn. 31 f.
[326] S. Kap. C., I., 2., b), bb).
[327] S. zur Entwicklungsgeschichte Kap. C., I., 1.
[328] *Hart-Hönig*, Gerechte und zweckmäßige Strafzumessung (1992), S. 137.
[329] *Beccaria*, Über Verbrechen und Strafen (1766), S. 84.

hängung der schuldangemessenen Strafe in Frage kommt. Es gilt zu analysieren, welches der beiden Präjudize die Wahrscheinlichkeit dafür erhöht, dass der Delinquent in Zukunft straffrei bleibt, denn „es hängt von der praktischen Umsetzung ab, ob ein theoretisch stimmiges Angebot auch tatsächlich bewirkt, was es soll".[330]

### aa) Sozialisation durch Strafvollzug

„Im Vollzug der Freiheitsstrafe soll der Gefangene fähig werden, künftig in sozialer Verantwortung ein Leben ohne Straftaten zu führen." Der Resozialisierungsgedanke wird gemäß § 2 Abs. 1 S. 1 StVollzG als „Vollzugsziel" gesetzlich angeordnet.[331] Darüber hinaus enthält das StVollzG eine Fülle von Vorschriften, die sich diesem Ziel unterordnen, wie die Behandlungsuntersuchung (§ 6) und die Erstellung eines Vollzugsplans (§ 7). Das Gesetz geht davon aus, dass die dort aufgeführten Behandlungsmaßnahmen geeignet sind, dem Täter ein Leben ohne Straftaten zu ermöglichen.

Entlassene Strafgefangene werden zwar überwiegend rückfällig, erneut zu einer Freiheitsstrafe werden aber nur ungefähr ein Viertel der Entlassenen verurteilt,[332] wobei das Dunkelfeld nicht berücksichtigt ist.[333] Aus diesem Befund lässt sich allerdings keine Kausalbeziehung zwischen Strafvollzug und Rückfall ableiten. Es lässt sich nur feststellen, dass der zu erzielende spezialpräventive Erfolg bei einigen Tätern eintritt,[334] wenn auch ungewiss bleibt, ob dies dem Strafvollzug geschuldet ist.

Meta-Analysen der Behandlungsforschung zeigen, dass sich unterschiedliche Behandlungsmaßnahmen unterschiedlich auf den Rückfall auswirken, von diesen aber jedenfalls sozialisierende Tendenzen ausgehen.[335] Einige Autoren teilen den „nothing works"[336] Befund deshalb nicht mehr, sie gehen nunmehr von einem „something works" aus,[337] und zwar insbesondere, wenn die Programme ein an-

---

[330] *Drenkhahn*, FS-Ostendorf (2015), S. 257 (269).

[331] *Hoyer*, Plädoyer, S. 429.

[332] *Jehle* (u. a.), Legalbewährung nach strafrechtlichen Sanktionen (2016), S. 16; *Dölling*, Strafe (2013), S. 1329 (1332) geht von einer Rückfallquote von unter 40 % aus.

[333] *Dölling*, Strafe (2013), S. 1329 (1333).

[334] Ebenda; *ders.*, FS-Lampe (2003), S. 597 (605).

[335] *Kury*, FS-Böhm (1999), S. 251 (262).

[336] *Martinson*, What works? – Questions and answers about prison reform, The Public Interest 35 (1979), S. 22 (48).

[337] *Kury*, FS-Böhm (1999), S. 251 ff.; „Weit überwiegend sprechen jedoch die vorliegenden Befunde dafür, daß der pauschale Slogan des ‚Nothing works' nicht zutrifft", *Lösel*, ZfStrVO 45 (1996), S. 259 (265); „Richtig ist es, dem resignierenden ‚nothing works' der 1970er Jahre ein ‚something works' entgegenzustellen und dabei darauf hinzuweisen, dass dieses ‚something' nicht beliebig ist; für die positive Spezialprävention kommt es [...] nicht darauf an, dass überhaupt reagiert wird, sondern entscheidend ist das ‚Wie' der Reaktion", *Meier*, JZ 2010, S. 112 (120).

gemessenes Verhältnis von Intensität der Behandlung und Rückfallrisiko berücksichtigen, an die bereits bestehenden Fähigkeiten des Delinquenten anknüpfen und wenn eine intensive Nachbetreuung stattfindet.[338] Man weiß heute demnach schon mehr über die Methoden zur Behandlung der Straffälligen, allerdings ist „dieses Wissen aber zu weiten Teilen noch bruchstückhaft und unvollständig".[339]

Dass niemand zur Erziehung gezwungen werden kann, bedarf keiner weiteren Erörterung;[340] dass der Strafvollzug aber zumindest die Möglichkeit eröffnet, jemanden zu resozialisieren, spreche nach Röder[341] für die Geeignetheit der spezialpräventiven Strafschärfung.

## bb) Entsozialisierung durch Strafvollzug

Der Gesetzgeber war sich der vom Freiheitsentzug ausgehenden entsozialisierenden Wirkung bewusst, wie sich zum einen daran zeigt, dass die kurze Freiheitsstrafe aus diesem Grund zurückgedrängt wurde,[342] und zum anderen auch jenseits der Aussetzungsfähigkeit für alle Freiheitsstrafen § 3 Abs. 2 StrVollzG gilt: „Schädlichen Folgen des Freiheitsentzuges ist entgegenzuwirken."

Nicht zutreffend ist die Annahme Franz v. Liszt[343], der die Möglichkeit der Resozialisierung bei Erwachsenen jenseits des 21. Lebensjahres kategorisch ausschloss, denn heute ist unumstritten, dass der Mensch ein Leben lang imstande ist zu lernen[344] und somit auch formbar ist. Wenn die Möglichkeit der Resozialisierung bestritten werden darf, dann unter Differenzierung zwischen denjenigen, die eine Straftat begangen haben, der ein moralisch-ethisches Verbot zu Grunde liegt (z.B. Mord, Körperverletzung, Diebstahl), und denjenigen, die eine Straftat begangen haben, die allein auf staatlichen Zweckerwägungen (z.B. Steuerhinterziehung, unerlaubter Aufenthalt oder abstrakte Gefährdungsdelikte) fußt, aber sonst über jeden moralischen Zweifel erhaben sind.[345] Diese zweite Gruppe wird nicht erzogen, ihr wird unbedingter Gehorsam gegenüber staatlichen Anordnungen aufgezwungen.[346]

Gegen die gesteigerte Wirksamkeit der Besserungsprävention sprechen die tatsächlichen Umstände des Strafvollzugs und die daraus resultierenden Folgen für

---

[338] *Lösel*, ZfStrVO 45 (1996), S. 259 (265 f.).

[339] *Meier*, JZ 2010, S. 112 (120).

[340] Vgl. *Roxin/Greco*, Strafrecht AT I (2020), § 3 Rn. 21; *Walter*, JZ 2019, 649 (650).

[341] So bereits *Röder*, NArchCrimR 1850, 438.

[342] *Lenckner*, JurA 1971, S. 319 (320).

[343] Vgl. *Bockelmann*, Strafe und Erziehung, S. 30.

[344] *Gieske*, Lebenslanges Lernen (2016).

[345] Zu dieser Differenzierung vgl. *Bockelmann*, Strafe und Erziehung, S. 32 f.

[346] *Bockelmann*, Strafe und Erziehung, S. 33.

den Betroffenen. Zunächst bedingt die Inhaftierung den Wegfall sozialisierender Faktoren, wie den Verlust von Familie, Beruf oder Wohnung. Häufig tritt die finanzielle Last der Wiedergutmachung hinzu.[347]

Dass der Wegfall sozialisierender Faktoren im Strafvollzug durch Bildungs- und Integrationsprogramme aufgefangen werden kann, welche auf Grund der unzureichenden Sachmittelausstattung des Strafvollzugs ohnehin nicht hinreichend realisiert werden,[348] erscheint ausgeschlossen. Es hängt vom Anstaltsklima ab, ob Gefangene überhaupt bereit sind, sich auf Behandlungsangebote ernsthaft einzulassen,[349] häufig wird ihre Zustimmung maßgeblich durch die Aussicht auf Vollzugslockerungen motiviert werden. Dies stellt eben keine autonome Einwilligung in die Behandlung dar.[350] Versagt der Gefangene eine solche gänzlich, so ist der Resozialisierungsidee im Strafvollzug der Boden gänzlich entzogen.[351] Dass die Resozialisierungsprogramme einen Mehrwert für den Betroffenen bringen können, soll nicht bestritten werden, wohl aber, dass diese geeignet sind, die von der Haft ausgehenden kriminogenen Wirkungen zu kompensieren oder wesentlich zu mildern. Tatsächlich ist das Umfeld des Strafvollzuges von „Tauschbeziehungen, Hierarchiebildung und Gewaltandrohung"[352] geprägt, aus dem nicht selten psychosoziale Haftschäden resultieren.[353] In erster Linie besteht die Gefängnisrealität darin zu überleben, weshalb der Inhaftierte eine Scheinanpassung[354] vollführen wird. Außerdem bedarf es zur wirksamen Resozialisierung einer Entlassungsvorbereitung, bei der „nach wie vor vieles im Argen"[355] liegt.

---

[347] *Göppinger*, Strafe und Verbrechen (1965), S. 20.

[348] *Jahn/Schmitt-Leonardy*, FS-Streng (2017), S. 499 (512).

[349] *Drenkhahn*, FS-Ostendorf (2015), S. 257 (269).

[350] *Weigend*, Resozialisierung (2004), S. 181 (187); *Bockelmann*, Strafe und Erziehung, S. 32: „Der Hausordnung sich zu fügen, die Vergünstigungen des Stufenvollzuges sich zu verdienen, das liegt so sehr im eigenen materiellen Interesse des Sträflings, daß tadellose Führung in der Haft durchaus kein Anzeichen für wahrhafte Besserung zu sein braucht."

[351] *Kaspar*, Schuldstrafrecht (2014), S. 61 (77); *ders.*, Gerechtes oder zweckmäßiges Strafen? (2013), S. 103 (119): „Der Häftling hat das Recht, Resozialisierungsmaßnahmen dieser Art abzulehnen. Wären solche Programme aber nun der einzige oder zumindest tragende Zweck der Inhaftierung, so müsste man alle Häftlinge entlassen, die ihre Mitwirkung an entsprechenden Maßnahmen verweigern. Denn ab diesem Zeitpunkt wäre die ‚Geeignetheit' des Strafvollzugs zur Resozialisierung endgültig in Frage gestellt."

[352] *Albrecht*, ZStW 97 (1985), S. 831 (839); *Jahn/Schmitt-Leonardy*, FS-Streng (2017), S. 499 (512); Verhaltensbeeinflussung durch Mitinsassen könne kriminogen wirken, *Hörnle*, Straftheorien (2017), S. 24.

[353] *Albrecht*, ZStW 97 (1985), S. 831 (839).

[354] *Bockelmann*, Strafe und Erziehung, S. 32; *Albrecht*, ZStW 97 (1985), S. 831 (839).

[355] *Ostendorf*, Die hölzernen Strafzwecke (2009), S. 61 (74).

Letztlich widerspricht der repressive Charakter der Strafe dem Erziehungsgedanken.[356] Vom Gefangenen wird die Strafe als „Übel" und nicht als „Hilfe" wahrgenommen.[357] Die mit der Haft einhergehende Statusdegradierung[358] impliziert letztlich den sich immer wiederholenden Vorwurf mangelnder Konformität.[359] Dies stigmatisiert ihn objektiv[360] und macht ihn womöglich glauben, er werde als Unverbesserlicher zu Recht bestraft. Das Stigma kann damit zur sich selbst erfüllenden Prophezeiung[361] werden. Ein Programm, welches erfolgreiche Resozialisierung zum Ziel hat, müsste den zu Behandelnden in eine positive Feedbackschleife verwickeln, was nur in einem positiv geprägten Umfeld geschehen kann.[362] Das Gefängnis stellt allerdings kein positiv geprägtes Umfeld dar, was sich zum einen aus der im oberen Absatz vorgenommenen Analyse der Gefängnisrealität ergibt. Zum anderen widerspricht der repressive Charakter der Strafe der Schaffung eines solchen Umfelds.[363]

Demnach erscheint die Konsequenz, dass der Delinquent der Realität des Strafvollzugs entsprechende Handlungsmuster entwickeln wird, womöglich sogar die Scheu vor dem Gefängnis verliert[364] oder aber derart geschädigt aus dem Gefängnis zurückkehrt, dass die Eingliederung in ein kriminelles Milieu weitaus wahrscheinlicher ist als eine Distanzierung davon, als Grund für den Befund: Die Verbüßung der vollstreckten Freiheitsstrafe erhöht die Wahrscheinlichkeit einer Entsozialisierung ungleich höher als die Wahrscheinlichkeit einer gelungenen Resozialisierung.

---

[356] *Albrecht*, ZStW 97 (1985), S. 831 (839): „Genauso wenig – der gewagte Vergleich sei aus Gründen überspitzender Verdeutlichung erlaubt – wie man aus einer Jauchegrube Trinkwasser entnehmen kann, kann ein Gefängnisaufenthalt zu einem straffreien Leben in sozialer Verantwortung verhelfen."; ähnlich *Walter*, JZ 2019, 649 (650); *Weigend*, Resozialisierung (2004), S. 181 (186); *Ramsbrock*, Geschlossene Gesellschaft (2020), S. 297: „Es ist, kurz gesagt, die Entwicklung einer paradoxen Idee, die mit dem Gefängnis entstand und bis heute mit ihm verbunden ist: einen Menschen aus der Gesellschaft auszuschließen, um ihm beizubringen, wie er sich innerhalb der Gesellschaft zu verhalten hat."

[357] *Hassemer*, Einführung in die Grundlagen des Strafrechts (1981), S. 271.

[358] Letztlich führt dies auch zu einer Verminderung der Chancenstruktur legaler Handlungsvarianten und somit zu einer Erhöhung der Rückfallwahrscheinlichkeit, so *Koller*, ZStW 91 (1979), 45 (64); *Andrissek*, Vergeltung (2017), S. 213; *Lenckner*, JurA 1971, S. 319 (320).

[359] *Bockelmann*, Strafe und Erziehung, S. 32.

[360] *Koller*, ZStW 91 (1979), 45 (60); zust. *Kühl*, Die Bedeutung der Rechtsphilosophie für das Strafrecht (2001), S. 29 f.; *Dölling*, Strafe (2013), S. 1329 (1333).

[361] *Müller-Dietz*, Probleme der Strafzumessung (1982), S. 43 (62).

[362] *Jahn/Schmitt-Leonardy*, FS-Streng (2017), S. 499 (514).

[363] *Koller*, ZStW 91 (1979), 45 (61).

[364] *Lenckner*, JurA 1971, S. 319 (320).

## cc) Austauschbarkeit der Sanktionen

Es ist empirisch belegt, dass die Sanktionen unter dem spezialpräventiven Aspekt *austauschbar* sind. Das bedeutet, dass es gemessen an der Rückfallquote keinen Unterschied macht, ob eine ambulante (Geldstrafe, Bewährungsstrafe, etc.) oder stationäre (Freiheitsstrafe) Sanktion verhängt wird.[365] Dies wird besonders in der Meta-Analyse von Killias/Villettaz[366] deutlich, in welcher fünf experimentelle und 23 quasi-experimentelle Primärstudien ausgewertet wurden und im Ergebnis die These der „Austauschbarkeit der Sanktionen" bestätigt wurde.[367] Beispielsweise ist die Verhängung einer Geldstrafe[368] oder die Aussetzung der Strafe zur Bewährung[369] zwecks Vermeidung von Entsozialisierung durch Strafvollzug ebenso wirksam im Hinblick auf die Rückfallquote wie die Vollstreckung einer Freiheitsstrafe auf Grund einer negativen Legalprognose, um den Täter zu bessern.

Aus diesem Befund heraus könnte man annehmen, dass es vor dem Hintergrund der Geeignetheit nicht darauf ankomme, ob der (negativ-)positiven oder der positiven Spezialprävention der Vorrang gebührt, beide Maßnahmen seien im Hinblick auf die Sanktionsart gleich wirksam.[370]

Andererseits ist die These, dass es für die Rückfallprävention nicht auf die Sanktionsart ankomme, nach Meier[371] nicht haltbar, da die Sanktionen von den Gerichten in erster Linie am Schuldausgleich und nicht an der Rückfallvermeidung orientiert seien. Da es um die Berücksichtigung der Prävention innerhalb der schuldangemessenen Strafe geht, trifft die These die hier zu behandelnde Problematik jedoch voll.

Insoweit lässt sich feststellen, dass die Sanktionen im jetzigen System vor dem Hintergrund der positiven Spezialprävention austauschbar sind.

---

[365] *Kaiser*, Kriminologie (1997), § 91 Rn. 4; *ders.*, Verkehrsdelinquenz und Kriminalprävention (1970), S. 392 f.; *Streng*, Sanktionen (2012), Rn. 542; *Heinz*, Neue ambulante Maßnahmen nach dem Jugendgerichtsgesetz, 1984, S. 22: Bei Erhöhung der Zahl ambulanter Maßnahmen ist die Zahl der stationären Sanktionen unverändert geblieben (Betrachtungszeitraum 1980–1983); *ders.*, BewHi 200, S. 131 (152); *Albrecht*, Strafzumessung bei schwerer Kriminalität, 1994, S. 67; *Kaspar*, Gerechtes oder zweckmäßiges Strafen? (2013), S. 103 (123).

[366] *Killias/Villettaz*, Rückfall (2007), S. 207 (223).

[367] *Meier*, JZ 2010, S. 112 (113).

[368] *Albrecht*, Legalbewährung bei zu Geldstrafe und Freiheitsstrafe Verurteilten (1982), S. 28.

[369] *Spiess*, MschrKrim 1981, 296.

[370] *Kaiser*, Kriminologie (1997), § 91 Rn. 4.

[371] *Meier*, JZ 2010, S. 112 (115).

dd) Stellungnahme

Unabhängig von ihrer Länge bringt die Vollstreckung der Freiheitsstrafe den Gefangenen auf Grund der Umstände des Strafvollzugs in die Gefahr der Entsozialisierung. Durch die Inhaftierung steigt die Gefahr einer Entsozialisierung ungleich höher als die Wahrscheinlichkeit einer erfolgreichen Resozialisierung: Freiheitsstrafe wirkt grundsätzlich entsozialisierend.

Die Geeignetheit der Inhaftierung zwecks Resozialisierung ist zu bezweifeln. Und auch, wenn man die These der „Austauschbarkeit der Sanktionen" zu Grunde legt und davon ausgeht, dass es im Hinblick auf die Rückfallwahrscheinlichkeit keinen Unterschied macht, ob die schon- oder noch-schuldangemessene Strafe verhängt wird, dass beide gleich präventionsgeeignet sind, so kann konstatiert werden, dass die Verhängung der Strafe an der Schuldrahmenuntergrenze das Eingriffsextensivste im Rahmen des rechtsstaatlich Zulässigen ist. Strafzumessung im Schuldrahmen ist nur insoweit *erforderlich*,[372] wie die Entsozialisierung des Täters dadurch verhindert wird, dass eine Strafe am unteren Ende des Schuldrahmens verhängt wird.

## 2. Das Verhältnis von negativer und (negativ-)positiver Spezialprävention

Der in jedem Fall durch die (negativ-)positive Spezialprävention indizierten Verhängung der Strafe am unteren Ende des Schuldrahmens können Bedürfnisse der negativen Spezialprävention entgegenstehen, die eine Verhängung der Strafe am oberen Rand des Schuldrahmens erforderlich machen.

Auch hier ist zu fragen, welche Alternative die Wahrscheinlichkeit dafür erhöht, dass der Delinquent nicht rückfällig wird.

Nach vorherrschendem Verständnis[373] befinden sich negative und positive Spezialprävention in einem Stufen-/Vorrangverhältnis: Die nachrangige negative Spezialprävention dürfe sich nur dann unmittelbar auf das Strafmaß auswirken, wenn die vorrangige positive Spezialprävention etwa auf Grund einer Vorstrafe des Delinquenten keine Aussicht auf Erfolg verspreche.[374]

---

[372] Zur Erforderlichkeit s. a. *Weigend*, Resozialisierung (2004), S. 181 (193); *Kaspar*, Verhältnismäßigkeit (2014), S. 694.

[373] *Zipf*, Die Strafzumessung (1977), S. 54; *Zipf/Dölling*, in: Maurach/Gössel/Zipf, Strafrecht AT (2014), § 63 Rn. 95; zust. *Bruns*, Strafzumessungsrecht (1974), S. 323; *Bruns/Güntge*, Strafzumessung (2019), Kap. 7 Rn. 30 f.; *Frisch*, FS-Maiwald (2010, S. 239 (249 f.).

[374] *Zipf/Dölling*, in: Maurach/Gössel/Zipf, Strafrecht AT (2014), § 63 Rn. 95.

### a) Sicherung

Nach dem zuvor Erörterten muss bereits bestritten werden, dass die Behandlung des Täters ausreichend Aussicht auf Erfolg hat, weshalb nach diesem Programm der Sicherungsprävention jedenfalls der Vorrang gebühren würde. Zu klären gilt es, ob die Sicherungsprävention (in Ausnahmefällen) vorrangig sein kann.

Zwar ist dem Argument, dass die Verhängung der Strafe an der Schuldrahmenobergrenze zwecks Sicherung nicht mehr als angemessene Reaktion auf die Straftat erscheint und deshalb in einen Zielkonflikt mit der positiven Generalprävention tritt, nicht zuzustimmen,[375] da, wie bereits dargelegt, auch die nochschuldangemessene Strafe normbekräftigende Wirkung hat,[376] jedoch wird der Täter die höhere Strafe wie eine Stigmatisierung als *Unverbesserlicher* wahrnehmen und sich womöglich in Zukunft auch entsprechend verhalten, sodass per se ein Widerspruch zur (negativ-)positiven Spezialprävention besteht.

Zudem ist die limitierte Strafschärfung zwecks Sicherung im Sinne der Verhältnismäßigkeit nicht angemessen: Die längere Inhaftierung bedingt ein zunehmendes Risiko an Entsozialisierung, während der Sicherungseffekt nur moderat eintritt. Dem Vorteil der moderat gesteigerten Sicherung des Täters steht der gravierende Nachteil gegenüber, dass die Gefahr eines Rückfalls des Delinquenten steigt. Die Erhöhung der Strafe ergibt sich aus der Realisierung einer Rückfallgefahr (Vorstrafe) und führt auf Grund der entsozialisierenden Wirkung des Strafvollzuges zu einer weiteren Steigerung der Rückfallgefahr, sodass eine Spirale immer intensiverer Sanktionen in Gang gesetzt wird.[377] Das rechtliche Instrument zur Sicherung des Täters ist das Maßregelrecht.[378]

### b) Individuelle Abschreckung

Auch die zwecks individueller Abschreckung an der Schuldrahmenobergrenze verhängte Strafe steht im Widerspruch zur (negativ-)positiven Spezialprävention, weshalb zu analysieren ist, welchem Strafzweck der Vorrang gebührt.

Es ist ausgeschlossen, dass aversive Strafmaßerhöhung gleichzeitig eine Sympathie für Besserung bewirkt. Die individuelle Abschreckung verdankt sich letztlich sozialer Stigmatisierung,[379] welche der Sozialisation des Täters grundsätz-

---

[375] *Kaspar*, Verhältnismäßigkeit (2014), S. 708.
[376] S. Kap. C., I., 2., b), bb).
[377] *Stratenwerth*, Tatschuld und Strafzumessung (1972), S. 16; zust. *Hörnle*, Tatproportionale Strafzumessung (1999), S. 163.
[378] *Kaspar*, Schuldstrafrecht (2014), S. 61 (78); *Henkel*, Die „richtige" Strafe (1969), S. 43.
[379] *Neumann/Schroth*, Neuere Theorien (1980), S. 21; zust. *Hart-Hönig*, Gerechte und zweckmäßige Strafzumessung (1992), S. 60; die Stigmatisierung sogar als geeignetes Mittel der individuellen Abschreckung ablehnend *Koller*, ZStW 91 (1979), 45 (63).

lich abträglich ist,[380] weshalb mutatis mutandis gilt, was für die Nachrangigkeit der Sicherungsprävention vorgetragen wurde: Sie verliert sich in einer strafbarkeitsfördernden Logik. Zudem ist davon auszugehen, dass eine Strafschärfung keinen erhöhten Abschreckungseffekt bei der Allgemeinheit zur Folge hat,[381] was auch für die individuelle Abschreckung anzunehmen ist.[382]

### c) Stellungnahme

Es lässt sich festhalten, dass die Verhängung der Strafe am oberen Ende des Schuldrahmens zwecks Sicherung/Abschreckung des Täters relativ zur Verhängung der Strafe am unteren Schuldrahmen zwecks Entsozialisierungsprävention die Wahrscheinlichkeit des Rückfalls gegenüber Letzterer erhöht. Dies folgt aus der rückfallfördernden Essenz der negativen Spezialprävention.

### 3. Das Verhältnis von negativer Generalprävention und (negativ-)positiver Spezialprävention

Während die negative Generalprävention nur strafschärfend zu berücksichtigen sein kann, kann die (negativ-)positive Spezialprävention nur strafmildernd wirken.

### a) Art. 1 I GG

Dass eine schuldüberschreitende Strafe zwecks Abschreckung Dritter eine gegen Art. 1 I GG verstoßende Instrumentalisierung des Täters darstellt, wurde bereits festgestellt.[383] Einige Autoren[384] gehen davon aus, dass jede Strafe, deren Ausgestaltung von der negativen Generalprävention mitbestimmt wurde, demnach auch die Überschreitung der Schuldrahmenuntergrenze, gegen Art. 1 I GG verstößt. Ob dieser Position zu folgen ist, wird untersucht.

Dagegen verfängt insbesondere die Ansicht nicht, nach welcher zwischen Schuldstrafe und negativer Generalprävention im Schuldrahmen keine Differenz bestehe, die den Täter dazu berechtigen würde, seine Menschenwürde der Strafe entgegenzuhalten,[385] da eben doch eine Divergenz zwischen Schuldrahmenunter-

---

[380] *Hart-Hönig*, Gerechte und zweckmäßige Strafzumessung (1992), S. 60.

[381] S. Kap. C., I., 2., b), aa), (2).

[382] *Kaspar*, Verhältnismäßigkeit (2014), S. 705.

[383] S. Kap. C., I., 3., a), aa), (2).

[384] *Badura*, JZ 1964, 337 (344); *Neuß*, Generalprävention im Verhältnis zur Würde des Menschen (2001), S. 154, 187; *Warda*, Dogmatische Grundlagen des richterlichen Ermessens im Strafrecht, S. 166 f.; *Hassemer*, Generalprävention (1979), S. 9 ff.; *ders.*, Strafziele, S. 56; *Hart-Hönig*, Gerechte und zweckmäßige Strafzumessung (1992), S. 50.

[385] *Stree*, Deliktsfolgen (1960), S. 45: „Werden generalpräventive Gesichtspunkte in diesem Rahmen verwertet, so ist der Täter kein bloßes Werkzeug in der Hand des Straf-

grenze und -obergrenze besteht und die Strafe günstiger ausfallen würde, wenn negativ-generalpräventive Erwägungen nicht berücksichtigt worden wären.[386]

Ebenso überzeugt die Ansicht nicht, nach welcher der Täter für die Existenz eines Abschreckungsbedürfnisses verantwortlich sei, weshalb dieses im Rahmen der Schuld befriedigt werden dürfe,[387] da der Richter nicht über die Verantwortlichkeit des Täters für Deliktsneigungen Dritter zu entscheiden befugt ist.[388]

Es wird konkludiert, dass jede Strafe, deren Ausgestaltung von der negativen Generalprävention mitbestimmt wurde, gegen Art. 1 I GG verstößt.

### b) Geeignetheit

Zudem ist die moderate Erhöhung des Strafmaßes zu Abschreckungszwecken nicht geeignet, einen messbar gesteigerten Abschreckungseffekt zu erzielen,[389] und stellt deshalb einen Verstoß gegen den Verhältnismäßigkeitsgrundsatz dar.[390]

### c) Verhältnis zur (negativ-)positiven Spezialprävention

Die zwecks Abschreckung der Allgemeinheit geschärfte Strafe steht zudem im Widerspruch zur (negativ-)positiven Spezialprävention, da der Täter die aus Abschreckungsgründen geschärfte Strafe nicht akzeptieren wird und diese insoweit seiner Resozialisierung abträglich ist,[391] seine Entsozialisierung fördert.

### d) Zusammenfassung

Die (negativ-)positive Spezialprävention ist gegenüber der negativen Generalprävention vorrangig, da eine zwecks genereller Abschreckung bis hin zur Obergrenze des Schuldrahmens geschärfte Strafe gegen Art. 1 I GG verstößt und eine

---

richters, kein bloßes Objekt staatlichen Geschehens […].“; *Bruns*, Strafzumessungsrecht (1974), S. 307.

[386] *Hassemer*, Generalprävention (1979), S. 41; *Warda*, Dogmatische Grundlagen des richterlichen Ermessens im Strafrecht, S. 166; *Hart-Hönig*, Gerechte und zweckmäßige Strafzumessung (1992), S. 50.

[387] *Nowakowski*, FS-Rittler (1957), S. 55, (85); *Badura*, JZ 1964, S. 337 (344); zust. *Haffke*, Tiefenpsychologie und Generalprävention (1976), S. 85.

[388] *Hoerster*, GA 1970, 272 (275).

[389] S. Kap. C., I., 2., b), aa), (2).

[390] *Hörnle*, Strafzumessung im Lichte des Grundgesetzes (2010), S. 118: „Die Verhinderung gemeinschädlichen Verhaltens ist ein wichtiges Gemeinschaftsinteresse – aber eine geringfügige Verschiebung des Strafmaßes ist nicht geeignet, den erwünschten Effekt zu erzielen, und deshalb unverhältnismäßig.“

[391] *Henkel*, Die „richtige“ Strafe (1969), S. 43.

gesteigerte Abschreckungswirkung relativ zur Verhängung der Strafe an der Schuldrahmenuntergrenze nicht festgestellt werden kann, weshalb die negativ generalpräventive Strafschärfung zur Abschreckung nicht geeignet ist. Letztlich wird durch die Verlängerung der Freiheitsstrafe das Risiko der Entsozialisierung erhöht.

#### 4. Fazit

Innerhalb des Schuldrahmens ist der Zweck der (negativ-)positiven Spezialprävention absolut vorrangig, weshalb die Strafe in jedem Fall am unteren Ende des Strafrahmens zu verhängen ist.

Die Verhängung einer Strafe an der Schuldrahmenobergrenze auf Grund positiv spezialpräventiver Erwägungen hat auszuscheiden, weil die Erhöhung des Strafmaßes relativ zur Verhängung an der Strafrahmenuntergrenze nicht erforderlich ist; auf Grund negativ spezialpräventiver Erwägungen kann auch keine Strafe an der Obergrenze des Schuldrahmens verhängt werden, weil sowohl die Sicherung als auch die individuelle Abschreckung im Verhältnis zur (negativ-) positiv spezialpräventiven Strafmaßindizierung die Wahrscheinlichkeit des Rückfalls erhöhen; auf Grund negativ generalpräventiver Erwägungen hat die Verhängung der Strafe an der Schuldrahmenobergrenze auszuscheiden, weil diese auch innerhalb des Schuldrahmens Art. 1 I GG entgegensteht und eine moderate Strafmaßerhöhung darüber hinaus nicht geeignet ist, den behaupteten Abschreckungseffekt zu erzielen.

### III. Abschließende Vorrangdefinition

Die Schuld des Täters darf bei der Strafzumessung nicht auf Grund präventiver Erwägungen über- oder unterschritten werden. Die Verhängung einer Strafe innerhalb dieses Rahmens wird von der Gesellschaft als gerecht empfunden und dient deshalb der Stärkung des Vertrauens der Allgemeinheit in die Rechtsordnung, wodurch sie sich auch legitimiert. Die Strafe ist auf Grund prinzipieller Vorrangigkeit der (negativ-)positiven Spezialprävention der Höhe nach am unteren Ende des Schuldrahmens zu verhängen.

### IV. Vertretbarkeit der Lösung de lege lata

Es ist Kritik dagegen vorgebracht worden, die Höhe der Strafe allein von der Schuld des Täters abhängig zu machen und präventive Gesichtspunkte bei der Strafhöhenbemessung auszuklammern (sog. einspurige Lösung). Deshalb wird untersucht, ob diese Kritik auch hinsichtlich der durch die (negativ-)positive Spezialprävention konkretisierten Schuldstrafe durchgreift.

## 1. § 46 Abs. 1 S. 1 StGB

Die Schuld des Täters soll für die Zumessung der Strafe nach § 46 Abs. 1 S. 1 StGB „Grundlage" sein. Deshalb ist Kritikern, die sich grundsätzlich gegen eine einspurige Strafhöhenbemessung gewendet haben, zuzustimmen, wenn gefolgert wird, dass dies impliziere, dass auch noch andere Gesichtspunkte bei der Strafhöhenbemessung zu berücksichtigen sind.[392] Ebenso lässt sich der Gesetzgebungsgeschichte – die als Auslegungsmethode für die Lösung der Strafzweckantinomie allerdings ungeeignet ist – entnehmen, dass ein Zweckpluralismus erwünscht war.[393]

Dieser Einwand trifft aber die hier vertretene Konzeption nicht, da die innerhalb des Schuldrahmens angemessene Strafe auf Grund (negativ-)positiver Spezialprävention zu finden ist. Der Spezialprävention wird dadurch Rechnung getragen, auch wenn sie das Strafmaß nicht unmittelbar bestimmt, sondern lediglich die Schuldstrafe konkretisiert.

## 2. § 46 Abs. 1 S. 2 StGB

Auch der Einwand, der gegen die einspurige Strafhöhenbemessung eingewandt wurde, das Gesetz selbst ordne in § 46 Abs. 1 S. 2 StGB die Relevanz der Spezialprävention für die Strafhöhenbemessung an, weshalb ein rein am verschuldeten Unrecht orientiertes Strafmaß gesetzeswidrig sei,[394] steht der hier vertretenen Lösung nicht entgegen. Die (negativ-)positive Spezialprävention wird berücksichtigt; sie zwingt das Gericht dazu, die Strafe am unteren Rand des Schuldrahmens festzusetzen.[395]

## 3. § 46 Abs. 2 S. 2 StGB

In § 46 Abs. 2 S. 2 StGB werden Strafzumessungsfaktoren aufgezählt, die sich ganz oder teilweise an präventiven Bedürfnissen orientieren und deren verbindliche und selbstständige Berücksichtigung innerhalb des Schuldrahmens nach Roxin[396] mit der einspurigen Strafhöhenbestimmung unvereinbar sei. Die historische Auslegung des § 46 Abs. 2 S. 2 StGB beweist, dass eine verbindliche und selbstständige Berücksichtigung der dort genannten Faktoren im Rahmen

---

[392] *Roxin*, FS-Bruns (1978), S. 183 (186); *ders.*, FS-Schultz (1977), S. 463 (469); *Foth*, NStZ 1990, S. 219 (220).

[393] S. Kap. C., I., 1.

[394] *Roxin*, FS-Bruns (1978), S. 183 (187); *Schäfer/Sander/Van Gemmeren*, Strafzumessung (2017), Rn. 825; *Lackner*, Über neue Entwicklungen in der Strafzumessungslehre (1978), S. 19; *Bruns*, FS-Dreher (1977), S. 251 (263).

[395] S. a. *Horn/Wolters*, in: SK-StGB, § 46 Rn. 39.

[396] *Roxin*, FS-Bruns (1978), S. 183 (189).

der Strafhöhenbestimmung tatsächlich gewollt war.[397] Allerdings entkräftet der E 1962[398] diesen Einwand zugleich, denn „[s]ämtliche Umstände, die Satz 2 aufzählt, können sich auf die Schuld des Täters auswirken". Insofern erfordert es die hier vertretene Lösung entgegen der historischen Auslegung,[399] die in § 46 Abs. 2 S. 2 StGB aufgeführten Faktoren allein im Lichte des verschuldeten Unrechts auszulegen, was mit der gesetzgeberischen Konzeption durchaus vereinbar ist.

## V. Fazit

Die Strafe ist der Höhe nach am unteren Ende des Schuldrahmens festzusetzen.

Dies folgt aus der prinzipiellen Unzulässigkeit der Über- oder Unterschreitung der Schuld auf Grund präventiver Erwägungen, die sich wiederum aus den empirischen und normativen Defiziten unmittelbar präventiver Strafzumessung ergibt. Innerhalb des Schuldrahmens ist der (negativ-)positive Aspekt der Spezialprävention, der die Verhängung der Strafe am unteren Ende des Schuldrahmens präjudiziert, absolut vorrangig.

Die hier vertretene Lösung ist mit § 46 Abs. 1, Abs. 2 S. 2 StGB vereinbar, ihr steht allein der ‚Wille des Gesetzgebers' entgegen, nach welchem präventive Erwägungen die Strafhöhe unmittelbar (mit-)bestimmen sollen.[400] Jene historische ist allerdings gegenüber einer zweckmäßigen Auslegung nachrangig, insbesondere wenn – wie hier – die Entwicklungsgeschichte überhaupt der Grund für die Existenz des Problems der Strafzweckantinomie ist.

---

[397] E 1962, BT-Drucks. IV/650, S. 180: „Der Richter hat die Umstände, von denen Absatz 2 Satz 2 spricht, nicht nur dahin zu überprüfen, inwieweit sie die Schuld des Täters beeinflussen. Er hat auch an Hand der Aufgaben der Strafe weiter zu prüfen, inwieweit ihm diese Umstände Anlaß geben, eine Strafe zu verhängen, die das durch die Schuld gebotene Maß übersteigt oder hinter ihm zurückbleibt."

[398] E 1962, BT-Drucks. IV/650, S. 180.

[399] Kap. C., I., 1.

[400] Kap. C., I., 1., d).

# D. Die Strafzweckantinomie
## bei der Strafzumessung im weiteren Sinne

In diesem Teil sollen die Vorrangverhältnisse der Strafzwecke bei den Vorschriften der §§ 47–60 StGB untersucht werden. Es soll in zwei Stufen vorgegangen werden: Zunächst werden die Tatbestandsmerkmale betrachtet, die Teil mehrerer Vorschriften sind, um diese einheitlich zu bestimmen und so systematische Widersprüche zu vermeiden. Sodann wird analysiert, welche Strafzwecke eine Entscheidung nach den §§ 47, 40, 56, 56d, 57, 59, 60 StGB begründen oder hemmen können.

## I. Auslegung gemeinsamer Tatbestandsmerkmale

Gegenstand der Untersuchung in diesem Abschnitt sind Tatbestandsmerkmale, die mehreren Vorschriften gemein sind. Die §§ 47 Abs. 1, 56 Abs. 3, 59 Abs. 1 S. 1 Nr. 3 StGB haben das Tatbestandsmerkmal der „Verteidigung der Rechtsordnung" gemeinsam; die §§ 56b, 59a Abs. 2 Nr. 1 und 3 StGB gestatten es dem Gericht, den Delinquenten zur Erfüllung einer Auflage zu verpflichten; die §§ 56c, 59a Abs. 2 Nr. 4 bis 6 StGB erlauben es dem Rechtsanwender, dem Delinquenten Weisungen zu erteilen; sowohl anhand der Regelung des § 56a Abs. 1 S. 1 StGB als auch anhand jener des § 59a Abs. 1 StGB hat das Gericht die Dauer der Bewährungszeit zu bestimmen. Ziel dieses Abschnitts ist es, den Strafzweck, welcher dem Tatbestandsmerkmal „Verteidigung der Rechtsordnung" zu Grunde liegt, einheitlich zu bestimmen und die Rechtsnatur von Auflagen und Weisungen einförmig anzugeben. Letztlich soll der Strafzweck gefunden werden, welcher die Dauer der Bewährungszeit vorrangig bestimmt.

### 1. Verteidigung der Rechtsordnung

Es wird untersucht, welcher Strafzweck der „Verteidigung der Rechtsordnung" zu Grunde liegt.

#### a) Spezialprävention

Zunächst könnte die Spezialprävention der „Verteidigung der Rechtsordnung" zu Grunde liegen. Dagegen sprechen allerdings systematische Gründe: Die Vorschriften der §§ 47, 56, 59 StGB berücksichtigen die Spezialprävention im Rahmen anderer Tatbestandsmerkmale. Im Rahmen des § 47 StGB wird die Spezialprävention innerhalb des Tatbestandsmerkmals der „besonderen Umstände" berücksichtigt, „die in der Tat oder der Persönlichkeit des Täters liegen". Ob „besondere Umstände" vorliegen, bestimmt sich vor dem Hintergrund der Spezialprävention.[1] Nach § 56 Abs. 1 StGB darf die Vollstreckung der Freiheitsstrafe nur dann zur Bewährung ausgesetzt werden, wenn „zu erwarten ist, daß der Verurteilte [...] künftig keine Straftaten mehr begehen wird." In diesem Tatbestandsmerkmal zeigt sich das Erfordernis einer günstigen Legalprognose.[2] Voraussetzung der Verwarnung mit Strafvorbehalt ist gemäß § 59 Abs. 1 S. 1 StGB, dass „der Täter künftig [...] keine Straftaten mehr begehen wird". Die Vorschrift fordert ebenfalls eine günstige Legalprognose.

Im Ergebnis wird Folgendes festgehalten: § 47 StGB berücksichtigt den Zweck der Spezialprävention im Rahmen der „besonderen Umstände". Die §§ 56, 59 StGB ordnen die Relevanz der Legalprognose ausdrücklich an. Durch die Beachtung der Spezialprävention innerhalb der oben genannten Tatbestandsmerkmale ist die erneute Einbeziehung spezialpräventiver Erwägungen im Rahmen der „Verteidigung der Rechtsordnung" systemwidrig[3] und deshalb unzulässig.

### b) Schuld-Sühne-Gedanke

Einige Autoren[4] sind der Ansicht, dass die Tatschuld keinen Einfluss auf die Entscheidung über die zur Verteidigung der Rechtsordnung notwendige Strafzumessungsentscheidung nehmen dürfe. Diese Position wird im Folgenden betrachtet.

### aa) Wortlaut

Zunächst ist die grammatikalische Auslegung hinsichtlich des Begriffs der „Verteidigung der Rechtsordnung" ungeeignet, um auf einen Strafzweck schließen zu können,[5] da kein eindeutiger semantischer Bezug zum Inhalt eines Straf-

---

[1] MüKo-StGB/*Maier*, § 47 Rn. 13.

[2] *Schall*, in: SK-StGB, § 56 Rn. 12.

[3] *Zipf/Dölling*, in: Maurach/Gössel/Zipf, Strafrecht AT (2014), § 63, Rn. 108; *Schnelle*, Die Funktion generalpräventiver Gesichtspunkte bei der Strafzumessung (1977), S. 173.

[4] *Zipf*, FS-Bruns (1978), S. 205 (219); *Grünwald*, FS-Schaffstein, S. 219 (228); *Schnelle*, Die Funktion generalpräventiver Gesichtspunkte bei der Strafzumessung (1977), S. 176; *Winghofer*, Strafzwecke (2020), S. 315; *Bruns*, Das Recht der Strafzumessung (1985), S. 115; *Roxin*, FS-Bruns (1978), S. 183 (204); *Schreiber*, NStZ 1981, 338 (340); a. A. *Schröder*, JZ 1971, S. 241 ff.

[5] *Bruns*, Strafzumessungsrecht (1974), S. 335; ähnlich *Bruns/Güntge*, Strafzumessung (2019) Kap. 8 Rn. 20; *Naucke*, Verteidigung der Rechtsordnung (1971), S. 46 meint, der Begriff habe keinen „abgrenzbaren Inhalt" erhalten und sei als „unanwendbare Vorschrift" zu bezeichnen; mangelnde Präzision bemängelnd *Schwalm*, JZ 1970, 490 f.; *Koch*, NJW 1970, 842; *Schröder*, JZ 1971, 241 (242); *Eickhoff*, NJW 1971, 272; *Schnelle*, Die Funktion generalpräventiver Gesichtspunkte bei der Strafzumessung (1977), S. 172.

zwecks feststellbar ist. Deshalb überzeugt insbesondere die Auffassung nicht, dass der Begriff die Gesamtheit aller Strafzwecke und damit auch die Tatschuld umfasse,[6] ebensowenig wie jene, die annimmt, der Begriff sei nur eine Argumentationstechnik, um das darunter liegende Vergeltungsbedürfnis zu kaschieren.[7]

### bb) Historie

Ob sich die Irrelevanz der Schuld aus historischer Auslegung ergibt, soll hier in den Blick genommen werden.

Der Begriff „Verteidigung der Rechtsordnung" wurde aus zwei Vorgängerbegriffen herausdestilliert und immer enger gefasst. Zunächst sollte der Begriff des „öffentlichen Interesses" Einzug in das Gesetz (§ 23 Abs. 3 Nr. 1 StGB a. F.) erhalten.[8] Da die Mitglieder des Sonderausschusses allerdings befürchteten, dass diese Formulierung als Synonym für alle Strafzwecke gedeutet werden könne, beschloss man, den Begriff der „Bewährung der Rechtsordnung" zu wählen, um eine Auslegung zu umschiffen, nach der jeder einzelne Strafzweck der kurzen Freiheitsstrafe entgegenstehe.[9] Mit diesem neuen Begriff galt es erklärtermaßen, die kurze Freiheitsstrafe nur dann zu ermöglichen, wenn diese „um des unverbrüchlichen Bestandes der Rechtsordnung willen unerläßlich"[10] sei. Und auch, wenn man die Ansichten der Bundestagsmitglieder in Bezug auf die „Bewährung der Rechtsordnung" berücksichtigt, zeigt sich, dass diese alle auf einer positiv-generalpräventiven Linie liegen und nicht den Schuld-Sühne-Aspekt im Sinn hatten: Die Bewährung der Rechtsordnung sei ein „Stückchen Generalprävention",[11] es handle sich um ein „generalpräventives Element",[12] der Begriff bringe zum Ausdruck, dass die „Rechtstreue des Volkes"[13] bedroht sei.

Das jedoch am häufigsten gegen eine Relevanz der Schuld vorgebrachte Argument[14] ist ebenfalls notwendige Folge der Begriffsschöpfung: Der Grund, weshalb der Begriff „Bewährung der Rechtsordnung" keinen Eingang in das Gesetz gefunden hat, sei in dem Hinweis Hirschs[15] während der Bundestagsdebatte zu erblicken, der Begriff „Bewährung" werde häufig als Synonym für gerechte Ver-

---

[6] *Schröder*, JZ 1971, S. 241 (243).

[7] *Eickhoff*, NJW 1971, S. 272 (273).

[8] *Diemer-Nicolaus*, BT-Sitzungsberichte V, 12766.

[9] *Rutschke*, BT-Sitzungsberichte V, 12764.

[10] BT-Drucks. V/4094, S. 6.

[11] *Hirsch*, BT-Sitzungsberichte V, 12764.

[12] *Güde*, BT-Sitzungsberichte V, 12765.

[13] Ebenda.

[14] *Sturm*, JZ 1970, 81 (85); *Naucke*, Verteidigung der Rechtsordnung (1971), S. 38 ff.; *Schnelle*, Die Funktion generalpräventiver Gesichtspunkte bei der Strafzumessung (1977), S. 172; *Zipf*, FS-Bruns, S. 205 (210).

[15] *Hirsch*, BT-Sitzungsberichte V, S. 12764.

geltung verwandt, woraufhin der Bundestag beschlossen habe, ihn durch das Wort „Verteidigung" zu ersetzen.[16] Erklärtermaßen war mit der Veränderung allerdings keine Änderung in der Sache verbunden,[17] was wenig überrascht, da auch vor der Änderung Konsens hinsichtlich der positiv generalpräventiven Ausprägung der Bewährung der Rechtsordnung bestand. Durch diese letzte Änderung wird aber noch einmal bekräftigt, dass Gesichtspunkte im Lichte des Schuld-Sühne-Aspekts keine Rolle spielen sollten.

### cc) Systematik

Unter systematischen Gesichtspunkten ist Folgendes anzuführen: Formelle Voraussetzung der §§ 47, 56 StGB ist, dass der Angeklagte nicht zu einer Freiheitsstrafe verurteilt wird, die eine bestimmte Länge überschreitet. Eine Verwarnung mit Strafvorbehalt nach § 59 StGB darf nur verhängt werden, wenn der Delinquent keine Geldstrafe von über einhundertachtzig Tagessätzen verwirkt hat. Die Länge der Freiheitsstrafe sowie die Anzahl der Tagessätze bestimmen sich vorrangig nach der Schuld des Täters. Ergo ist die Schuld innerhalb der formellen Voraussetzungen der §§ 47, 56, 59 StGB bereits (indirekt) berücksichtigt worden.[18] Ein System, welches die Anwendung und Aussetzung einer Vorschrift vom gleichen Kriterium abhängig macht, wäre widersprüchlich.

Dies wird insbesondere dann deutlich, wenn man sich vor Augen führt, dass das Gesetz vorsieht, dass eine Strafe von einem Monat dann als (vollstreckbare) Freiheitsstrafe zu verhängen ist, wenn Gründe der Verteidigung der Rechtsordnung dies erforderlich machen. Verstünde man die Verteidigung der Rechtsordnung als Tatschuldskalierung, so müsste man zu dem absurden Ergebnis kommen, dass Fälle minimaler Schuld eine kurze Freiheitsstrafe begründen könnten, was eindeutig gegen die Absicht der Reform[19] spricht, geringe Schuldstrafen zwecks Vermeidung von Entsozialisierung zu vermeiden.

### c) Negative Generalprävention

Fraglich ist, ob der Verteidigung der Rechtsordnung der negativ generalpräventive Zweck zu Grunde liegt. Zum einen ergibt sich aus der Entstehungsgeschichte, dass negativ generalpräventive Erwägungen im Rahmen der Verteidigung der Rechtsordnung irrelevant und allein positiv generalpräventive Erwägun-

---

[16] BT-Sitzungsberichte V, S. 12764 f., 12801.

[17] BT-Sitzungsberichte V, S. 12764 f.; *Dreher*, JR 1970, 227 (228); *Horstkotte*, NJW 1969, 1601 (1604); *Lackner*, JR 1970, 1 (7).

[18] *Zipf*, FS-Bruns (1978), S. 205 (210); *Maiwald*, GA 1983, 49 (55); *Bruns*, Das Recht der Strafzumessung (1985), S. 114.

[19] *Lenckner*, JurA 1971, S. 319 (320).

gen zu berücksichtigen sind.[20] Zum anderen folgt aus dem Gedanken, dass es mit dem Zweck der Vorschriften – Vermeidung von Entsozialisation durch Strafvollzug – nicht zu vereinbaren ist, wenn die empirisch sowie verfassungsrechtlich höchst fragwürdige Abschreckungsprävention für die Verhängung der kurzen Freiheitsstrafe ausschlaggebend sein soll,[21] obwohl die Abschreckungswirkung kurzer Freiheitsstrafen zumindest in Zweifel zu ziehen ist, jedenfalls aber nicht geklärt ist, ob bei Kleinstkriminalität überhaupt ein Abschreckungsbedürfnis besteht.[22] Daraus folgt, dass die negative Generalprävention keinen Einfluss auf die Entscheidung über die zur Verteidigung der Rechtsordnung notwendige Strafzumessungsentscheidung nehmen darf.

### d) Positive Generalprävention

Es verbleibt die Frage, ob die positive Generalprävention der Strafzweck ist, welcher der Verteidigung der Rechtsordnung zu Grunde liegt. Im Rahmen der Analyse der Entstehungsgeschichte[23] hat sich gezeigt, dass der Verteidigung der Rechtsordnung ausschließlich die positive Generalprävention zu Grunde liegt. Welche konkret zu berücksichtigenden realen Strafzumessungsgründe relevant sind, ergibt sich daraus allerdings nicht. Einige Autoren sind der Ansicht, es sei nicht die gesamte positive Generalprävention gemeint, sondern nur ein „Teilaspekt".[24] Um welchen Teilaspekt es sich dabei handeln soll, wird von den Autoren nicht näher dargelegt, sodass unklar bleiben muss, was das Gericht im Einzelfall berücksichtigen darf. Hier ist noch Einiges zu leisten, was im Hinblick auf die empirisch nicht feststellbaren Effekte positiv generalpräventiver Strafzumessung allerdings in absehbarer Zeit nicht zu erwarten ist. Im Ergebnis kann festgehalten werden, dass die Verteidigung der Rechtsordnung allein auf dem Zweck der positiven Generalprävention basiert.

### 2. §§ 56b, 59a Abs. 2 Nr. 1 und 3 StGB: Auflagen

Die Rechtsnatur einer Auflage wird in § 56b Abs. 1 S. 1 StGB eindeutig definiert – sie dient dem Vergeltungsgedanken.[25] Freilich geht von einer Auflage

---

[20] Kap. D., I., 1., b), bb).

[21] Ähnlich *Lenckner*, JurA 1971, 319 (345); zust. *Bruns*, Strafzumessungsrecht (1974), S. 334 unter Hinweis darauf, dass dieser Einwand sich auch allgemein auf die Berücksichtigung der Generalprävention beziehen lasse.

[22] *Lenckner*, JurA 1971, S. 319 (345).

[23] Kap. D., I., 1., b), bb).

[24] *Bruns*, Das Recht der Strafzumessung (1985), S. 115; *Horstkotte*, NJW 1969, 1601 (1604).

[25] BGH NJW 2014, 3173 (3174); *Fischer*, § 56b Rn. 2; *Arloth*, NStZ 1990, 148 (149); *Schall*, in: SK-StGB, § 56b Rn. 2; *Kinzig*, in: Schönke/Schröder, § 59a Rn. 4; MüKo-StGB/*Groß/Kulhanek*, § 59a Rn. 5.

auch eine gewisse Denkzettelwirkung[26] aus, was im Antinomiefall jedoch nicht etwa dazu führen darf, dass eine Auflage nur mit einem Abschreckungsbedürfnis begründet wird oder dass in Ermangelung eines Abschreckungsbedürfnisses keine Auflage verhängt wird. Dies widerspräche der Rechtsnatur der Auflage.

### 3. §§ 56c, 59a Abs. 2 Nr. 4 bis 6 StGB: Weisungen

Im Gegensatz zur Auflage ist die Weisung zukunftsgerichtet[27] und auf den Täter bezogen, wie der Wortlaut[28] des § 56c StGB festlegt, weshalb die Weisung nur dem Resozialisierungszweck dient.[29] Dementsprechend ist der positiv spezialpräventive Zweck absolut vorrangig; illegitim sind nicht nur Weisungen, die dem Resozialisierungsziel zuwiderlaufen, sondern bereits solche, die nicht mit diesem begründet werden können.[30]

### 4. §§ 56a Abs. 1 S. 1, 59a Abs. 1 StGB: Dauer der Bewährungszeit

Die Aussetzung der Vollstreckung der Freiheitsstrafe zur Bewährung dient dem Zweck der „Resozialisierung in Freiheit",[31] weshalb auch die Bestimmung der Dauer der Bewährung diesem Ziel dienen muss. Die Dauer hat sich danach zu richten, ab welchem Zeitpunkt der Delinquent voraussichtlich keiner Hilfe, Weisung oder Auflage mehr bedarf, um ein straffreies Leben zu führen.[32]

Einige Autoren meinen, die Länge der Bewährungszeit müsse in einem angemessenen Verhältnis zur Strafhöhe und damit zur Tatschuld stehen.[33] Dem ist nicht zu folgen, da die Bewährung der Resozialisierung des Täters dient und eine schuldentsprechende Bewährungszeit deshalb mit der Konzeption der Bewährung unvereinbar ist.[34] Zudem können lange Bewährungszeiten dem Sanktionsziel entgegenwirken, weil der Delinquent sich überfordert fühlt oder entmutigt wird, weshalb teils gefordert wird, keine Bewährungszeiten über 2 Jahren zu verhängen.[35] Die zur Resozialisierung erforderliche Dauer ist (wenn überhaupt möglich) schwer genug zu bestimmen,[36] unmöglich ist es jedoch zu behaupten, die

---

[26] NK-StGB/*Ostendorf*, StGB § 56b Rn. 1.

[27] *Schall*, in: SK-StGB, § 56c Rn. 2.

[28] § 56c Abs. 1 S. 1 StGB: „wenn er dieser Hilfe bedarf, um keine Straftaten mehr zu begehen".

[29] *Fischer*, § 56c Rn. 1a; *Heger*, in: Lackner/Kühl, § 56c Rn. 1.

[30] BGH NJW 1956, 1886.

[31] NK-StGB/*Ostendorf*, § 56a Rn. 2.

[32] *Schall*, in: SK-StGB, § 56a Rn. 3.

[33] *Fischer*, § 56a Rn. 1; *Kinzig*, in: Schönke/Schröder, § 56a Rn. 1.

[34] *Schall*, in: SK-StGB, § 56a Rn. 3 Fn. 7; zust. NK-StGB/*Ostendorf*, § 56a Rn. 2.

[35] NK-StGB/*Ostendorf*, § 56a Rn. 2.

[36] S. Kap. C., I., 2. a), bb).

Tatschuld entspreche einer Freiheitsstrafe von unter zwei Jahren (Anwendung von § 56), fordere aber eine Bewährungszeit von mindestens zwei Jahren (§ 56a Abs. 1 S. 2 2. Alt. StGB). Die Schuld kann keine Aussage über die zur Resozialisierung notwendige Dauer der Bewährungszeit treffen.

## II. Die Vorschriften der Strafzumessung im weiteren Sinne

### 1. Geldstrafe

#### a) § 47 StGB

Eine kurze Freiheitstrafe kann durch ungünstige Legalprognose (Spezialprävention) oder positiv generalpräventive Erwägungen (Verteidigung der Rechtsordnung) alternativ gerechtfertigt werden. Nach Güntge[37] darf eine Geldstrafe nicht aufgrund einer entsprechenden Gewichtung der Tatschuld verhängt werden. Ob dieser Position zu folgen ist, soll im Folgenden analysiert werden.

Der Relevanz der Tatschuld im Rahmen des § 47 StGB steht zunächst die Entstehungsgeschichte des Gesetzes entgegen.[38] Im E 1962 war bestimmt worden, dass eine Geldstrafe verhängt werden solle, wenn „zu erwarten ist, daß sie genügen wird, dem Täter zur Warnung zu dienen, und weder seine Schuld noch die Aufgabe der Strafe, Straftaten entgegenzuwirken, eine Freiheitsstrafe erfordern".[39] In der 2. Lesung des Sonderausschusses war der Schuldvorbehalt ersatzlos gestrichen und ein Wortlaut gewählt worden, der mit dem heutigen § 47 Abs. 1 StGB nahezu übereinstimmt.[40] Zudem bildet die Höhe der Tatschuld eine formelle Anwendungsvoraussetzung der Vorschrift. Es wäre widersprüchlich, wenn der Gesetzgeber die Schulderfordernisse aus der Verteidigung der Rechtsordnung verbannen, diese dann aber über die besonderen Umstände wieder hätte einführen wollen. Im Ergebnis ist der Position Güntges zu folgen: Weder die Geldstrafe noch die kurze Freiheitsstrafe darf aufgrund eines entsprechenden Gewichts an Schuld verhängt werden.

#### b) § 40 Abs. 1 StGB: Anzahl der Tagessätze

Die Höhe der Geldstrafe bestimmt sich nach der Anzahl der Tagessätze multipliziert mit der Höhe der einzelnen Tagessätze (§ 40 Abs. 1 und 2 StGB). Fraglich ist, welche Strafzwecke die Anzahl der einzelnen Tagessätze bestimmen dürfen, da sich die Höhe in der Regel nach dem durchschnittlichen Nettoeinkommen des Täters richtet, vgl. § 40 Abs. 2 S. 2 StGB.

---

[37] *Bruns/Güntge*, Strafzumessung (2019), Kap. 8, Rn. 7.
[38] *Roxin*, FS-Bruns, 183 (193); *Horstkotte*, JZ 1970, 122 (126).
[39] E 1962, S. 17 f.
[40] Prot. V, S. 2144.

Soweit die Rechtsprechung[41] annimmt, dass die allgemeinen Grundsätze der Strafzumessung heranzuziehen sind, meint sie damit die Spielraumtheorie. Die Regeln zur Bestimmung der Tagessatzanzahl sind kongruent zu jenen der Strafhöhenbestimmung bei der Freiheitsstrafe. Wie dargelegt, wird hier allerdings vertreten, dass die schon-schuldangemessene Strafe der Höhe nach zu verhängen ist.[42] Dementsprechend ist die schon-schuldangemessene Anzahl an Tagessätzen zu verhängen.

Die darüberhinausgehende Berücksichtigung negativ-generalpräventiver Erwägungen scheitert an deren Verfassungswidrigkeit.[43] Positiv generalpräventive Erwägungen sind bereits materielle Anwendungsvoraussetzung der Geldstrafe im Rahmen der Verteidigung der Rechtsordnung.

Zu untersuchen ist ferner, ob spezialpräventive Erwägungen auszuscheiden haben: Die Resozialisierung des Täters setzt eine geplante und auf entsprechende Dauer angelegte Einflussnahme auf den Delinquenten voraus, die mit der Geldstrafe ihrer Natur nach unmöglich ist.[44] Die Vorschrift des § 47 StGB will die Verhängung kurzer Freiheitsstrafen vermeiden, da diese den Delinquenten in die Gefahr einer Entsozialisierung bringen.[45] Wird die Vorschrift des § 47 StGB angewandt, so ist dem Zweck der (negativ-)positiven Spezialprävention genüge getan; der Delinquent wird nicht die mit dem Strafvollzug einhergehenden Nachteile erfahren. Die Sicherung der Gesellschaft vor dem gefährlichen Täter kann mittels Geldstrafe nicht erreicht werden,[46] weshalb dieser Zweck für die Bestimmung der Anzahl der Tagessätze als selbstständiger Bemessungsfaktor auszuscheiden hat.

Einige Autoren[47] gehen unter Berücksichtigung der „Warn- und Denkzettelfunktion" der Geldstrafe davon aus, die Geldstrafe sei geeignet, den Delinquenten von der weiteren Tatbegehung abzuschrecken, da die Beschneidung seines Einkommens diesen aversiv konditioniere, weshalb der individuelle Abschreckungsgedanke innerhalb des Schuldrahmens die Anzahl der Tagessätze je nach individuellem Abschreckungsbedürfnis bestimmen dürfe. Die strafschärfende Abschreckungsprävention wurde im Rahmen der Strafhöhenbestimmung auf Grund eines Widerspruchs zur Entsozialisierungsprävention und der daraus folgenden Unangemessenheit im Verhältnis zu dieser aber abgelehnt.[48] Nun mag man einwenden, dass dieses Argument für die Bestimmung der Anzahl der Ta-

---

[41] BGH NJW 1976, 1510; NStZ 89, 178.
[42] Kap. C., V.
[43] Für die Geldstrafe *Zipf*, Geldstrafe, S. 64.
[44] *Zipf*, Geldstrafe, S. 66.
[45] *Schall*, in: SK-StGB, § 47, Rn. 16.
[46] LK-StGB/*Grube*, § 40 Rn. 7.
[47] Ebenda; *Zipf*, Geldstrafe, S. 69 f.; Müko-StGB/*Radtke*, § 40 Rn. 35.
[48] S. Kap. C., II., 3.

gessätze nicht gelte, da eine Geldstrafe ohnehin ungeeignet ist, die Gefahr der Entsozialisierung durch Strafvollzug zu begründen. Allerdings schreibt § 43 S. 2 StGB die Umwandlung der Anzahl an Tagessätzen in Tage an Ersatzfreiheitsstrafe nach dem Maßstab 1:1 vor. Derjenige, der eine Ersatzfreiheitsstrafe antreten muss, könnte also durch die Anwendung der Geldstrafenregelung, die ihm eigentlich zugutekommen soll, benachteiligt sein, weil seine nun zu verbüßende (Ersatz-)Freiheitsstrafe negativ spezialpräventiv geschärft ist. Dies ist kein akzeptables Ergebnis, sodass auch bei der Bestimmung der Anzahl der Tagessätze auf die Erwägungen individueller Abschreckung verzichtet werden muss.

Es wird konkludiert, dass die schon-schuldangemessene Anzahl an Tagessätzen zu verhängen ist.

## 2. Strafaussetzung

### a) § 56 StGB

Eine Entscheidung über die Strafaussetzung zur Bewährung darf aus historischen Gründen nicht mit dem Schuld-Sühne-Aspekt begründet werden: Im E 1962[49] war in § 72 bestimmt worden, dass eine Strafaussetzung nicht angeordnet wird, „wenn die Schuld des Verurteilten [...] die Vollstreckung gebietet". In der 2. Lesung des Sonderausschusses[50] war das Schulderfordernis ersatzlos gestrichen worden.[51] Zudem bildet die Höhe der Tatschuld auch hier eine formelle Anwendungsvoraussetzung der Norm, sodass diese einer Strafaussetzung materiell nicht mehr entgegenstehen darf.

### b) § 56d StGB

Ein Bewährungshelfer soll dem Delinquenten gemäß § 56d Abs. 3 StGB helfend und betreuend zur Seite stehen, um sein Resozialisierungsziel zu verwirklichen.[52] Die Anordnung der Bewährungshilfe kann darüber hinaus nicht mit anderen Strafzwecken begründet werden.

## 3. Strafrestaussetzung, § 57 StGB

§ 57 StGB trifft in Abs. 1 und Abs. 2 unterschiedliche Regelungen zur Relevanz verschiedener Strafzwecke. Das Instrument geht auf den Befund zurück, dass eine lange Verbüßungsdauer der Freiheitsstrafe einer Entsozialisierung des

---

[49] E 1962, § 71.

[50] Prot. V, S. 2142, 2145.

[51] Vgl. auch *Horstkotte*, JZ 1970, 122 (126).

[52] *Fischer*, § 56d Rn. 4; MüKo-StGB/*Groß/Kulhanek*, § 59a Rn. 5; *Kinzig*, in: Schönke/Schröder, § 59a Rn. 4.

Täters förderlich ist,[53] und will dem Delinquenten deshalb eine Resozialisierung in Freiheit durch vorzeitige Entlassung ermöglichen – sie ist also spezialpräventiv ausgerichtet.[54]

### a) Abs. 1 S. 1 Nr. 2

Der Delinquent kann, sofern er einwilligt, nach zwei Dritteln der verbüßten Strafe entlassen werden, wenn dies „unter Berücksichtigung des Sicherheitsinteresses der Allgemeinheit verantwortet werden kann", vgl. Abs. 1 S. 1 Nr. 2. Die Entlassungsprognose ist allein spezialpräventiv zu orientieren; die Schwere der Schuld[55] sowie generalpräventive Erwägungen[56] sind gänzlich irrelevant für diese. Für die Generalprävention ergibt sich dies bereits daraus, dass eine dem § 56 Abs. 3 StGB entsprechende Regelung in § 57 Abs. 1 StGB fehlt.[57]

### b) Abs. 2

Die Vollstreckung der restlichen Freiheitsstrafe *kann* nach der Hälfte zur Bewährung ausgesetzt werden, wenn der Täter ein „Erstverbüßer" (Abs. 2 Nr. 1) ist oder „die Gesamtwürdigung von Tat, Persönlichkeit der verurteilten Person und ihrer Entwicklung während des Strafvollzugs ergibt, daß besondere Umstände vorliegen" (Abs. 2 Nr. 2).

Unstrittig ist sowohl für Abs. 1 Nr. 1 als auch für Abs. 2 Nr. 2 eine positive Sozialprognose von Bedeutung, die auch von bestehenden Resozialisierungserfolgen im Strafvollzug abhängig ist.[58] Bezüglich des zweiten Absatzes besteht allerdings Uneinigkeit hinsichtlich der Frage, ob Gesichtspunkte der Generalprävention oder des Tatschuldausgleichs im Einzelfall der spezialpräventiven Legalprognose vorgehen und damit die Aussetzung verhindern können.[59]

Da Abs. 2 im Gegensatz zu Abs. 1 fakultativer Natur ist, wird gefolgert, dass die relevanten Strafzwecke nicht abschließend im Gesetz genannt sind und es deshalb möglich sei, die zulässigen Strafzwecke – namentlich die Tatschuld[60]

---

[53] S. Kap. C., II., 1., b).

[54] BT-Drucks. 10/2720, S. 11; *Zipf/Dölling*, in: Maurach/Gössel/Zipf, Strafrecht AT (2014), § 65 Rn. 62.

[55] BVerfG NJW 1994, 378; OLG Hamm NStZ-RR 1996, 382.

[56] OLG Hamm NStZ-RR 1996, 382.

[57] MüKo-StGB/*Groß/Kett-Straub*, § 57 Rn. 20.

[58] BT-Drucks. 10/2720, S. 11; *Fischer*, § 57 Rn. 22, 28.

[59] Pro: BGH NStZ 1988, 495. Contra: *Bruns*, FS-Dreher, S. 251 (260); *Bruns/Güntge*, Strafzumessung (2019), Kapitel 8 Rn. 11; *Roxin*, FS-Bruns, S. 183 (194); *Mrozynski*, JR 1983, 133 (138).

[60] OLG Düsseldorf NStZ 1999, 478; OLG Köln, Beschluss vom 27.03.2012 – 2 Ws 223/12.

und die „Verteidigung der Rechtsordnung"[61] – als Aussetzungshindernisse heranzuziehen.[62]

### aa) Schuldausgleich

Fraglich ist, ob der Tatschuldausgleich bei Abs. 2 entgegen der soeben vorgestellten Ansicht ein Aussetzungshindernis darstellen kann. Es ist zunächst inkonsequent, bei Abs. 1 den Tatschuldausgleich nicht berücksichtigen zu wollen, dann aber bei der Ausnahmevorschrift des Abs. 2 anzuwenden.[63] Zudem wird die Tatschuld, wie Roxin[64] schlüssig darlegt, bei § 57 Abs. 2 StGB in doppelter Hinsicht bereits berücksichtigt: Sie hat eine Mindestverbüßungsdauer von sechs Monaten zur Folge und bestimmt gleichzeitig die Länge der Halbzeitverbüßung. Daraus folgt, dass bei Vorliegen dieser Voraussetzungen die Schuld einer Aussetzung nicht mehr entgegenstehen darf. Andernfalls würde jede „schwere" Schuld eine Reststrafenaussetzung verbieten, obwohl das Gesetz eine solche bei jeder zeitigen Freiheitsstrafe prinzipiell zulässt. Der Schuldausgleich bildet damit kein Aussetzungshindernis des § 57 Abs. 2 StGB.

### bb) Generalprävention

Für die Berücksichtigung der Generalprävention spricht der erklärte Wille des Gesetzgebers: „[S]oweit ausnahmsweise einmal generalpräventive Gesichtspunkte besondere Berücksichtigung verlangen, kann ihnen im Rahmen der ‚Kann-Vorschrift' des § 57 Abs. 2 StGB-Entw. Rechnung getragen werden".[65]

Daraus ergibt sich zunächst, dass ein generalpräventives Entlassungshindernis die Ausnahme bilden soll, ohne dass eine solche Ausnahme näher definiert oder dargelegt würde, welche Alternative der Generalprävention gemeint ist.

Es ist allerdings zu klären, ob die negative Generalprävention einer Reststrafaussetzung entgegenstehen kann. Nach § 57 Abs. 2 letzter Halbsatz i.V.m. Abs. 1 Nr. 2 StGB darf der Strafrest nur zur Bewährung ausgesetzt werden, wenn „dies unter Berücksichtigung des Sicherheitsinteresses der Allgemeinheit verantwortet werden kann". Hier könnte argumentiert werden, dass sich hinter dem „Sicherheitsinteresse der Allgemeinheit" begrifflich ein negativ-generalpräventives Be-

---

[61] „Bei schwerwiegenden Betäubungsmittelstraftaten" stehe die positive Generalprävention der Entlassung „grundsätzlich" entgegen, OLG Köln NStZ-RR 2011, 387.

[62] *Zipf*, JR 1975, 296; *Zipf/Dölling*, in: Maurach/Gössel/Zipf, Strafrecht AT (2014), § 65 Rn. 73; MüKo-StGB/*Groß/Kett-Straub*, § 57 Rn. 26; *Heger*, in: Lackner/Kühl, § 57 Rn. 20.

[63] *Bruns*, FS-Dreher, S. 251 (260); *Bruns/Güntge*, Strafzumessung (2019), Kapitel 8 Rn. 11.

[64] *Roxin*, FS-Bruns, S. 183 (194).

[65] BT-Drucks. 10/2720, S. 11.

dürfnis verbirgt. Dem ist entsprechend der Ausführungen zu § 57 Abs. 1 StGB nicht zu folgen: Hinter der Verantwortungsklausel verbirgt sich die Spezialprävention. Das „Sicherheitsinteresse der Allgemeinheit" soll dann einer Reststrafaussetzung entgegenstehen, wenn eine Resozialisierung keinen hinreichenden Erfolg verspricht.[66] Letztlich kommt der Instrumentalisierungseinwand[67] gegenüber der negativen Generalprävention im Falle der Entlassungshinderung noch stärker zum Tragen. Im Ergebnis kann die negative Generalprävention einer Reststrafaussetzung nach § 57 Abs. 2 StGB nicht entgegenstehen.

Bezüglich der positiven Generalprävention ist zunächst zu überlegen, weshalb der Gesetzgeber erklärtermaßen generalpräventive Erwägungen berücksichtigt wissen wollte, jedoch eine dem § 56 Abs. 3 StGB entsprechende Regelung nicht in § 57 StGB aufgenommen hat. Ferner ist zu fragen, wie sich der Vorrang der positiven Generalprävention gegenüber einer günstigen Sozialprognose im Einzelfall rationalisieren lässt: Unter welchem Kriterium lässt sich ein der Aussetzung entgegenstehendes positiv generalpräventives Bedürfnis von einem gegenüber der Spezialprävention nachrangigen Bedürfnis überhaupt im Sinne einer Ausnahme abgrenzen, sodass für den Inhaftierten bei Stellung eines Antrags auf Aussetzung der Reststrafe zur Bewährung voraussehbar ist, ob ein solches Aussetzungshindernis besteht? Hier ergeben sich im Hinblick auf Art. 103 II GG erhebliche Zweifel an der Voraussehbarkeit. Die Rechtsprechung täte gut daran, auch auf die Berücksichtigung der positiven Generalprävention in Abs. 2 zu verzichten.

### 4. Verwarnung mit Strafvorbehalt, § 59 StGB

Das Gericht kann gemäß § 59 Abs. 1 StGB den Delinquenten neben dem Schuldspruch verwarnen, die Strafe bestimmen und die Verurteilung zu dieser Strafe vorbehalten, wenn dieser eine Geldstrafe bis zu einhundertachtzig Tagessätzen verwirkt hat, eine günstige Sozialprognose gestellt werden kann (Abs. 1 S. 1 Nr. 1), ein Verteidigungsbedürfnis der Rechtsordnung nicht entgegensteht (Abs. 1 S. 1 Nr. 3) und darüber hinaus besondere Umstände vorliegen, die nach Gesamtwürdigung von Tat und Persönlichkeit des Täters die Verhängung einer Strafe entbehrlich machen (Abs. 1 S. 1 Nr. 2).

Das Erfordernis der günstigen Sozialprognose entspricht einem positiv spezialpräventiven Bedürfnis, während das Erfordernis der Verteidigung der Rechtsordnung dem positiv generalpräventiven entspricht. Ob in die Gesamtwürdigung Gesichtspunkte der Tatschuld miteinfließen können und somit entgegen den Forderungen der positiven Spezial- und der positiven Generalprävention einer Verwarnung entgegenstehen können, ist zu prüfen.

---

[66] BT-Drucks. 13/7163, S. 7.
[67] Kap. C., I., 3., a), aa), (2).

Nach vorherrschender Ansicht ist der Täter nur privilegierungswürdig, wenn der Tat im Verhältnis zum Durchschnittsfall ein besonders geringer Unrechts- und Schuldgehalt innewohnt.[68] Dies wird von Bockelmann[69] daraus gefolgert, dass die Verwarnung nicht obligatorisch ist, sondern fakultativ und das Gericht bei seiner Entscheidung deshalb alle Strafzwecke berücksichtigen dürfe. Dreher[70] sieht die Maxime des Schuldstrafrechts verletzt, wenn das „Ob" der Strafe ausschließlich von spezialpräventiven Gesichtspunkten, also einer Prognose, abhängig wäre.

Roxin[71] wendet ein, dass bei Berücksichtigung der Schuld die enge Voraussetzung der Verteidigung der Rechtsordnung umgangen werde, da diese die letzte – jedenfalls noch unter der Schuld liegende – Auffangposition bilde, welche der positiv spezialpräventiv indizierten Verwarnung entgegenstünde. Die Schuld sei zudem für die Zahl der verwirkten Tagessätze maßgeblich, weshalb bei Vorliegen einer Zahl an Tagessätzen bis zu 180 die Schuld eine Verwarnung nicht mehr verhindern dürfe.

Horn[72] bezeichnet die Abweichung vom Durchschnittsfall als untaugliches Differenzierungskriterium, da der Durchschnittsfall im unteren Drittel des Strafrahmens anzusiedeln sei,[73] wonach immer nur dann eine Verwarnung in Frage kommen würde, „wenn das Gewicht des verschuldeten Unrechts in einer Strafe von weniger als zwei Monaten ausgedrückt werden müsste", da der Strafrahmen des § 59 Abs. 1 StGB sechs Monate betrage. Dies stehe aber der gesetzgeberischen Intention entgegen.

Die ablehnende Auffassung ist im Ergebnis zustimmungswürdig. In der Gesetzesbegründung findet sich nichts Ausdrückliches zur Relevanz der Schuld für die Umständeklausel, allerdings heißt es dort: „In der Einzelausgestaltung ist die Verwarnung mit Strafvorbehalt weitgehend an die Strafaussetzung zur Bewährung angepasst."[74] Bei der Strafaussetzung zur Bewährung war der Schuld-Sühne-Gedanke jedoch eindeutig ausgeklammert,[75] bei der Verwarnung nie explizit aufgenommen und deshalb auch als die „bedeutendste Konzession an die

[68] BGH 2 StR 256/75, Urt. v. 6.8.1975 bei *Dallinger*, MDR 1976, 14 (15); *Bockelmann/Volk*, Strafrecht AT, S. 276; *Horn*, NJW 1980, 106; *Horn/Wolters*, in: SK-StGB, § 59 Rn. 14; *Backmann*, NZV 2013, 465 (469); *Baumann*, JZ 1980, 464; *Neumayer-Wagner*, Die Verwarnung mit Strafvorbehalt (1998), S. 95; *Schöch*, FS-Baumann, 255 (264).

[69] *Bockelmann/Volk*, Strafrecht AT, S. 276.

[70] *Dreher*, in: FS-Maurach, S. 275 (283 f.).

[71] *Roxin*, FS-Bruns, S. 183 (195).

[72] *Horn*, in: SK-StGB, 8. Aufl., § 59 Rn. 10.

[73] *Horn*, in: SK-StGB, 7. Aufl., § 46 Rn. 87.

[74] BT-Drucks. V/4095, S. 25.

[75] S. Kap. D., II., 2., a).

Spezialprävention auf Kosten des Schuldprinzips"[76] bezeichnet worden. Wenn die Tatschuld für die Entscheidung über die Geldstrafe über das Sechs-Monats-Erfordernis hinaus keine Relevanz zu erlangen vermag, so muss dies a fortiori für die Verwarnung gelten, da die Geldstrafe Voraussetzung der Verwarnung ist. Letztlich ordnet das Gesetz an, dass eine Verwarnung die Strafe ersetzen darf, wenn der Täter eine Geldstrafe von bis zu einhundertachtzig Tagessätzen verwirkt hat, welche in Abhängigkeit von der Schuld zu bestimmen ist.[77]

Die „Geringfügigkeit der Schuld" ist kein taugliches Entscheidungskriterium für die Verwarnung. Das Gericht müsste in der Lage sein, bei einer Verwirkung von 180 Tagessätzen die Geringfügigkeit der Schuld festzustellen, um nicht prinzipiell gegen das Gesetz zu verstoßen, welches eine Verwarnung in diesen Fällen grundsätzlich zulässt.

### 5. Das Absehen von Strafe, § 60 StGB

Dem Absehen von Strafe liegt nach vorherrschender Meinung ein *Vollzweckerreichungskonzept*[78] zu Grunde: Von Strafe könne demnach nur abgesehen werden, wenn die Zwecke des Schuldausgleichs, der Spezial- und der Generalprävention trotz eines Absehens von Strafe kumulativ befriedigt seien; jeder Strafzweck kann im Falle mangelnder Zweckerreichung alternativ das Absehen von Strafe verhindern.[79]

Es sind praktisch allerdings kaum Fälle denkbar, in welchen alle Strafzwecke gleichermaßen befriedigt wären, sodass sich zumindest hinsichtlich eines Strafzwecks eine Antinomie auftun wird, was im Ergebnis zu einem marginalen Anwendungsbereich der Vorschrift führte.[80] Entgegen der These der Vollzweckerreichung wird deshalb teils gefordert, den Schuld-Sühne-Gedanken nicht als Zweck anzusehen, unter dem die Strafe „offensichtlich verfehlt" sein müsse, sodass dieser nicht geeignet ist, das Absehen von Strafe entgegen spezial- und positiv generalpräventiven Forderungen zu hindern.[81]

Ob der Tatschuldausgleich auch im Rahmen des § 60 StGB entgegen der vorherrschenden Ansicht keine Relevanz erlangt, wird im Folgenden analysiert. Im

---

[76] *Bockelmann/Volk*, Strafrecht AT, S. 275 unter Verweis auf *Dreher*, FS-Maurach, S. 275 (283).

[77] *Roxin*, FS-Bruns, S. 183 (195).

[78] *Bassakou*, Beiträge zur Analyse u. Reform des Absehens von Strafen nach § 60 StGB (1991), S. 73.

[79] BGH NJW 1978, 768; *Fischer*, § 60 Rn. 5; *Zipf/Dölling*, in: Maurach/Gössel/ Zipf, Strafrecht AT (2014), § 66 Rn. 14; *Hassemer*, FS-Sarstedt, S. 65 (67).

[80] *Bassakou*, Beiträge zur Analyse u. Reform des Absehens von Strafen nach § 60 StGB (1991), S. 77.

[81] *Horn*, in: SK-StGB, 8. Aufl., § 60 Rn. 10 ff.; *Roxin*, FS-Bruns, S. 183 (194).

Falle eines sowohl spezial- als auch generalpräventiv indizierten Absehens von Strafe steht die (erneute) Berücksichtigung des Tatschuldausgleichs im Widerspruch zu § 60 S. 2 StGB: Die formelle Voraussetzung der Norm enthält bereits eine Aussage über das zum Absehen von Strafe erforderliche Schuldmaß.[82] Und auch wenn die Schuld berücksichtigt wird, so wird sie stets über- oder unterkompensiert, da die exakte Kompensation des Schuldmaßes durch eine den Täter treffende Tatfolge nur ein Zufall sein kann, niemals aber lässt sich die Schwere einer Tatfolge an ein Schuldmaß exakt anpassen.[83] Letztlich wird dem Schuldausgleich durch den Schuldspruch hinreichend Rechnung getragen.[84] Dies lässt sich auch dem Gesetzesvorschlag entnehmen, welcher der 107. Sitzung der Sonderkommission[85] zu Grunde lag. Der damals vorgeschlagene § 80e S. 1 StGB-Entw. entspricht dem Wortlaut des heutigen § 60 S. 1 StGB. Der Bemerkung zu diesem Vorschlag ist zu entnehmen, dass ausdrücklich nur die Spezial- und die Generalprävention ein Absehen von Strafe begründen können.[86]

An diesem Befund ändert auch die Aussage Drehers[87] in der 107. Sitzung des Sonderausschusses nichts, dass der Richter im Rahmen des § 16 StGB a. F. zunächst zu prüfen habe, „ob Schuldstrafe sinnvoll sei", da es innerhalb dieser Debatte auch eine Gegenstimme[88] gab, die sich an dem Vollzweckerreichungskonzept störte. Die Debatte allerdings sollte nicht anhand von Aussagen einzelner Kommissionsmitglieder, sondern im Lichte ihres Ergebnisses bewertet werden, nämlich dem ohne Änderungen des Wortlauts in den heutigen § 60 S. 1 StGB übernommenen § 80e S. 1 StGB-Entw., nach welchem, wie im obigen Absatz gezeigt wurde, allein spezial- und generalpräventive Erwägungen für das Absehen von Strafe materiell relevant sind.

Letztlich vermag das Argument nicht zu verfangen, dass das Schuldprinzip einem Absehen von Strafe ohnehin niemals entgegenstehe, weil „keine Strafe ohne Schuld" nicht umgekehrt in dem Sinne gelte, dass Schuld Strafe verlange.[89] Dem ist nicht zuzustimmen, denn wie Kaufmann[90] sagt: „Der Sinn des Schuld-

---

[82] *Roxin*, FS-Bruns, S. 183 (194); *Horn*, in: SK-StGB, 8. Aufl., § 60 Rn. 3; *ders.*, Sanktionen, S. 28.

[83] *Bassakou*, Beiträge zur Analyse u. Reform des Absehens von Strafen nach § 60 StGB (1991), S. 83.

[84] *Gräfe*, Sinn und System des Absehens von Strafe, S. 146 ff.

[85] Prot. V, S. 2109 ff.

[86] Prot. V, S. 2119.

[87] Prot. V, S. 2117; *Bassakou*, Beiträge zur Analyse u. Reform des Absehens von Strafen nach § 60 StGB (1991), S. 13, 80.

[88] *Meyer*, Prot. V, S. 2117.

[89] *Dreher*, Niederschr. Band II, S. 253; *Bockelmann*, Niederschr. Band V, S. 241: „Denn neben dem Satz: Keine Strafe ohne Schuld! gilt nicht etwa seine Umkehrung: Keine Schuld ohne Strafe!"

[90] *Kaufmann*, Schuldprinzip, S. 205.

prinzips ist, [...] daß Schuld Strafe fordert." Wenn Schuld angefallen ist, kann die Strafe aus ihrer Perspektive nie „offensichtlich verfehlt" sein. Damit ist im Ergebnis festzuhalten: Diejenige Schuldstrafe, die unter einem Jahr liegt (§ 60 Satz 2 StGB), ist dann „offensichtlich verfehlt", wenn sie im Widerspruch zur Forderung der Spezial- sowie der positiven Generalprävention steht.

# E. Schlussbetrachtung und Zusammenfassung

Ausgangspunkt der Analyse war die Feststellung, dass sich auf jeder der drei Ebenen der Strafzumessung sog. Antinomiefälle ergeben können – Fälle, in welchen die Strafzwecke zu sich widersprechenden Forderungen in Hinblick auf das Strafmaß kommen. Ziel der Arbeit war es, in solchen Fällen ein Vorrangverhältnis der Strafzwecke auf jeder der drei Ebenen der Strafzumessung zu definieren, um so eine theoretische Möglichkeit aufzuzeigen, dem Vorwurf mangelnder Rationalität in der Strafzumessung zu begegnen. Das Ergebnis lässt sich wie folgt zusammenfassen.

## I. Strafrahmenwahl

Die Untersuchung hat ergeben, dass präventive Erwägungen entgegen dem Präjudiz der Schuld keine Strafrahmenmodifikation begründen können. Präventive Strafbedürfnisse finden in den Strafrahmen, die eine gesetzgeberische Unrechts- und Schuldbewertung aller tatbestandsmäßigen Fälle zum Ausdruck bringen,[1] keine Entsprechung. Der Boden der Rationalität ist verlassen, wenn präventive Strafbedürfnisse geeignet wären, die Anwendung eines Strafrahmens zu begründen, in welchem wiederum das verschuldete Unrecht keine Entsprechung findet, obwohl dieses im Gegensatz zu präventiven Erwägungen dazu grundsätzlich geeignet ist. Der anzuwendende Strafrahmen bestimmt sich allein nach Gesichtspunkten der Tatschuld.

## II. Strafhöhenbemessung

1. Eingangs wurde festgestellt, dass sowohl die Spielraumtheorie als auch einspurige Lösungen, welche die Strafhöhe allein am durch die Tat verschuldeten Unrecht bemessen wollen, im Hinblick auf eine de lege lata zu vertretende Strafzumessungstheorie defizitär sind: Die Spielraumtheorie löst die Antinomie der Präventionszwecke innerhalb des Schuldrahmens nicht, weshalb der Vorwurf mangelnder Rationalität zu erheben ist, während einspurige Lösungen mit der Grundlagenformel sowie § 46 Abs. 1 S. 2 StGB nicht vereinbar sind, da präventive Erwägungen neben der Tatschuld zu berücksichtigen sind.

---

[1] *Kühl*, in: Lackner/Kühl, § 46 Rn. 6; *Dreher*, FS-Bruns (1978), S. 145; *Bruns/Güntge*, Strafzumessung (2019), S. 44 Rn. 18.

2. Zunächst wurde die *Entwicklungsgeschichte der Grundlagenformel* untersucht, wobei konstatiert werden kann, dass diese zur Klärung der Vorrangverhältnisse zwischen den Strafzwecken als Methode ungeeignet ist, da die Entwicklungsgeschichte selbst von inhaltlichen Widersprüchen gekennzeichnet ist. Letztlich ist die Entwicklungsgeschichte der existenzielle Grund für die fehlende Vorrangdefinition durch den Gesetzgeber, da beabsichtigt war, dass die Grundlagenformel beliebiger Ausdeutung zugänglich ist.

3. Bei der Betrachtung des *tatsächlichen Leistungsprofils* vorrangig präventiver Strafzumessung wurde erkannt, dass eine solche gar nicht betrieben werden kann: Weder kann ein spezialpräventives Strafbedürfnis mittels valider Kriminalprognose ermittelt werden, noch kann ein negativ-generalpräventives Abschreckungsbedürfnis mittels des Instruments der Verbreitungsgefahr festgestellt werden. Die Umwandlung eines nicht feststellbaren Bedürfnisses in eine konkrete Strafgröße kann auf Grund des fehlenden Maßprinzips präventiver Zwecksetzungen nicht gelingen. Allein hinsichtlich der positiven Generalprävention konnte erkannt werden, dass ihr Präjudiz kongruent zu jenem der Tatschuld ist, weshalb sich zwischen Schuld und positiver Generalprävention tatsächlich kein Antinomiefall ergeben kann, welcher die Definition eines Vorrangs erfordern würde. Vorrangig präventive Strafzumessung verstößt in Ermangelung wissenschaftlich gesicherter Erkenntnisse über die Effekte gegen den Bestimmtheitsgrundsatz.

4. Im Hinblick auf die *normativen Einwände* konnte festgestellt werden, dass vorrangig präventive Strafzumessung über das Maß der Schuld hinaus verfassungswidrig ist: Spezialpräventiver Strafzumessung steht der Autonomieeinwand entgegen, generalpräventiver Strafzumessung der Instrumentalisierungseinwand.

5. Die Analyse hat ergeben, dass auch die *Unterschreitung der Schuldrahmenuntergrenze* zwecks Vermeidung von Entsozialisierung nicht gebilligt werden kann. Es gibt ausreichende rechtliche Instrumente, um Entsozialisierung durch überlangen Strafvollzug zu verhindern (§ 57 StGB); eine Schuldunterschreitung programmatisch zuzulassen ist nicht angemessen, da ein Verlust des Vertrauens der Allgemeinheit in die Strafrechtspflege zu befürchten ist; auf Grund des fehlenden Maßprinzips spezialpräventiver Strafzumessung kann eine solche „Milderungslösung" nicht gleichmäßig betrieben werden.

6. Insoweit können die grundsätzlichen Thesen der Spielraumtheorie bestätigt werden: Die Strafe darf das Maß der Tatschuld weder über- noch unterschreiten. Nunmehr wurde das Verhältnis der präventiven Zwecke innerhalb des Schuldrahmens untersucht. Hinsichtlich der positiven Spezialprävention konnte erkannt werden, dass diese dort ein im verfassungsrechtlichen Sinne erforderliches Strafmaß präjudiziert, wenn dadurch Freiheitsstrafe vermieden wird, da sich die Wahrscheinlichkeit der Entsozialisierung durch den Vollzug der Freiheitsstrafe selbst bedingt. Die Vorzeichen der Besserungsprävention sind umzukehren: Im

Verhältnis zur positiven Spezialprävention ist das Präjudiz der (negativ-)positiven Spezialprävention vorrangig.

7. Im Verhältnis zur (negativ-)positiven Spezialprävention ist die negative Spezialprävention nachrangig, da diese sich in einer strafbarkeitsfördernden Logik verliert. Die Wahrscheinlichkeit dafür, dass der Täter nicht erneut rückfällig wird, erhöht sich durch die Verhängung der Strafe am unteren Ende des Schuldrahmens gegenüber der Verhängung der Strafe am oberen Ende des Schuldrahmens.

8. Der negativen Generalprävention steht der Instrumentalisierungseinwand auch innerhalb des Schuldrahmens entgegen, weshalb diese für die Strafhöhenbestimmung irrelevant ist.

9. Vorrangig innerhalb des Schuldrahmens ist deshalb die (negativ-)positive Spezialprävention, welche eine Verhängung der Strafe am unteren Schuldrahmen präjudiziert und für die Konkretisierung der Schuldstrafe bei der Strafzumessung *funktionalisiert* wird. Daraus ergibt sich folgende Strafzumessungstheorie: Die Strafe ist – in jedem Fall – am unteren Ende des Schuldrahmens zu verhängen.

10. Diese Theorie trifft insbesondere nicht die eingangs erläuterten Einwände: Auf Grund der Klärung der Vorrangverhältnisse innerhalb des Schuldrahmens entgeht die Theorie dem Vorwurf, jene nicht zu regeln und damit die Schuldstrafe nicht rational konkretisieren zu können; durch die Funktionalisierung der (negativ-)positiven Spezialprävention innerhalb des Schuldrahmens wird gleichzeitig dem Einwand entgegengetreten, (spezial-)präventive Bedürfnisse würden bei der Strafzumessung entgegen § 46 Abs. 1 S. 1 S. 2 StGB nicht berücksichtigt, sodass sich eine Lösung ergibt, die de lege lata vertretbar ist.

### III. Strafzumessung im weiteren Sinne

Bei der Strafzumessung im weiteren Sinne wurde vor dem Hintergrund des Antinomieproblems erörtert, welche Strafzwecke für eine Entscheidung im Rahmen der §§ 47 ff. StGB relevant sind. Dabei lassen sich die Ergebnisse in gebotener Kürze wie folgt zusammenfassen:

1. Das Kriterium der „Verteidigung der Rechtsordnung" ist positiv generalpräventiv zu bestimmen. Weisungen (§§ 56c, 59a Abs. 2 Nr. 4 bis 6 StGB) sowie die Dauer der Bewährungszeit (§§ 56a Abs. 1 S. 1, 59a Abs. 1 StGB) haben sich allein nach spezialpräventiven Erwägungen zu richten. Entscheidungen über Auflagen (§§ 56b, 59a Abs. 2 Nr. 1 und 3 StGB) sind auf Basis der Tatschuld zu fällen.

2. Für die Entscheidungen nach §§ 47, 56, 57, 59, 60 StGB ist ausschließlich die Tatschuld als formelle Anwendungsvoraussetzung relevant. Nur Gesichtspunkte der Spezial- sowie der positiven Generalprävention können eine den Vor-

schriften entsprechende materielle Entscheidung kumulativ begründen, ihr alternativ entgegenstehen. Die Anzahl der Tagessätze (§ 40 Abs. 1 StGB) der Geldstrafe hat sich nach der schon-schuldangemessenen Anzahl zu bestimmen.

## IV. Fazit

Die auf Basis der Analyse definierten Vorrangverhältnisse zwischen den Strafzwecken auf den drei Ebenen der Strafzumessung im Antinomiefall erlauben es dem Gericht, eine rationale Entscheidung zu treffen.

Für die Strafrahmenwahl und die Strafzumessung im weiteren Sinne kann die hier vorgestellte Lösung durch Ausklammerung präventiver bzw. schuldbezogener Gesichtspunkte ohne weiteres auch praktisch realisiert werden.

Im Rahmen der Strafhöhenbestimmung ist bekannt, dass die Strafe regelmäßig ohnehin an der Schuldrahmenuntergrenze verhängt wird. Den sich in der Praxis und Literatur haltenden Tendenzen, im Antinomiefall dennoch eine höhere Strafe verhängen zu wollen, soll hier entgegengetreten werden; die Strafe ist – wie die vorliegende Untersuchung zeigt – damit nicht in der Regel, sondern verbindlich an der Schuldrahmenuntergrenze zu verhängen, was für den Betroffenen einen erheblichen Unterschied machen kann. Eine überzeugende Regel, welche erlaubt ein genau bezeichnetes Schuldquantum in ein konkretes Strafquantum umzurechnen, um die Schuldrahmenuntergrenze im Einzelfall festzulegen, konnte bisher noch nicht gefunden werden[2] und war auch nicht Gegenstand dieser Untersuchung. Durch die verbindliche Festsetzung der Strafe an der Schuldrahmenuntergrenze wird das Gericht bei der Strafhöhenbemessung allerdings gezwungen, subjektive Vorstellungen vom präventiv Notwendigen unberücksichtigt zu lassen und sich hinsichtlich der Verhängung der schuldangemessenen Strafe in Milde zu üben.

---

[2] *Maurer*, Komparative Strafzumessung (2005), S. 88.

# Literaturverzeichnis

*Achenbach*, Hans: Historische und dogmatische Grundlagen der strafrechtssystematischen Schuldlehre, Berlin, 1974 (zit.: *Achenbach*, Schuldlehre (1974)).

*Albrecht*, Hans-Jörg: Legalbewährung bei zu Geldstrafe und Freiheitsstrafe Verurteilten, Freiburg, 1982.

*Albrecht*, Hans-Jörg: Spezialprävention angesichts neuer Tätergruppen, ZStW 97 (1985), S. 831 ff.

*Albrecht*, Hans-Jörg: Verfassungs- und menschenrechtliche Grundlagen der Resozialisierung, in: Rotsch/Brüning/Schady (Hrsg.), Strafrecht – Jugendstrafrecht – Kriminalprävention in der Praxis. Festschrift für Heribert Ostendorf zum 70. Geburtstag am 7. Dezember 2015, 1. Aufl., Baden-Baden, 2015, S. 23–39 (zit.: *Albrecht*, Resozialisierung).

*Albrecht*, Hans-Jörg/*Jehle*, Jörg-Martin/*Hohmann*, Fricke/*Tetal*, Carina: Legalbewährung nach strafrechtlichen Sanktionen. Eine bundesweite Rückfalluntersuchung 2010 bis 2013 und 2004 bis 2013, in: Bundesministerium der Justiz und für Verbraucherschutz (Hrsg.), Berlin, 2016 (zit.: *Jehle* (u. a.), Legalbewährung nach strafrechtlichen Sanktionen (2016)).

*Amelung*, Knut: Die Einwilligung des Unfreien, ZStW 95 (1983), S. 1–31 (zit.: *Amelung*, Die Einwilligung des Unfreien, ZStW 95 (1983)).

*Andrissek*, Tobias: Vergeltung als Strafzweck, Tübingen, 2017 (zit.: *Andrissek*, Vergeltung (2017)).

*Angwin*, Julia/*Larson*, Jeff/*Mattu*, Surya/*Kirchner*, Lauren: Machine Bias, ProPublica 2016 (zit.: *Angwin/Larson/Mattu/Kirchner*, Machine Bias (2016)).

*Arloth*, Frank: Strafzwecke im Strafvollzug, GA 1988, S. 405–425.

*Aschenbrenner*, M.: Das peinliche Recht gehört zum Staatsrechte, ArchCrimR Bd. IV St. II (1801), S. 89 ff.

*Backmann*, Jan: Fahrlässige Körperverletzung und Tötung im Straßenverkehr als Straftat?, NZV 2013, S. 465 ff.

*Badura*, Peter: Generalprävention und die Würde des Menschen, JZ 1964, S. 337–344.

*Bassakou*, Xanthi: Beiträge zur Analyse und Reform des Absehens von Strafe nach § 60 StGB, Frankfurt a. M., 1991.

*Baumann*, Jürgen: Über die Denaturierung eines Rechtsinstituts (§ 59 StGB), JZ 1980, S. 464 ff.

*Baurmann*, Michael: Vorüberlegungen zu einer empirischen Theorie der positiven Generalprävention, GA 1994, S. 368–384.

*Beccaria*, Cesare: Von den Verbrechen und von den Strafen, in: Schild/Vormbaum/ Zwiehoff (Hrsg.), Berlin, 2004, Erstausgabe 1764 (zit.: *Beccaria*, Von den Verbrechen und von den Strafen (1764)).

*Beccaria*, Cesare: Über Verbrechen und Strafen, in: Alff (Hrsg.), Frankfurt a. M., 1988, Erstausgabe 1766 (zit.: *Beccaria*, Über Verbrechen und Strafen (1766)).

*Bemmann*, Günther: Strafvollzug und Menschenwürde, in: Bemmann (Hrsg.), Beiträge zur Strafrechtswissenschaft, 3. Aufl., Baden-Baden, 2004, S. 374 ff.

*Bergmann*, Matthias: Die Milderung der Strafe nach § 49 Abs. 2 StGB, Mannheim, 1987.

*Berner*, Albert Friedrich: Lehrbuch des deutschen Strafrechts, Leipzig 1871, Nachdruck 5. Aufl., 1996 (zit.: *Berner*, Lehrbuch des deutschen Strafrechts (1871)).

*Blei*, Hermann: Anmerkung zu BGH NJW 1971, 61, JA 1971, S. 165 ff.

*Bock*, Michael: Ideen und Schimären im Strafrecht, ZStW 103 (1991), S. 636–656.

*Bock*, Michael: Kriminologie, 5. Aufl., München, 2019.

*Bockelmann*, Paul: Strafe und Erziehung, in: Rechts- und Staatswissenschaftliche Fakultät Göttingen (Hrsg.), Festschrift für Julius von Gierke zu seinem goldenen Doktorjubiläum am 25. Okt. 1948, Berlin, 1950, S. 27 ff. (zit.: *Bockelmann*, Strafe und Erziehung).

*Bockelmann*, Paul: Zur Reform des Strafensystems, JZ 1951, S. 494–498 (zit.: *Bockelmann*, JZ 1951).

*Bockelmann*, Paul/*Volk*, Klaus: Strafrecht Allgemeiner Teil, 4. Auflage, München, 1987.

*Bruns*, Hans-Jürgen: Alte Grundfragen und neue Entwicklungstendenzen im modernen Strafzumessungsrecht, in: Kaufmann/Loos/Geilen/Stratenwerth/Jakobs/Hirsch/ Schreiber (Hrsg.), Festschrift für Hans Welzel zum 70. Geburtstag, Berlin, 1974, S. 739 ff. (zit.: *Bruns*, FS-Welzel (1974)).

*Bruns*, Hans-Jürgen: Strafzumessungsrecht – Gesamtdarstellung, 2. Aufl., Bonn, 1974 (zit.: *Bruns*, Strafzumessungsrecht (1974)).

*Bruns*, Hans-Jürgen: „Stellenwerttheorie" oder „Doppelspurige Strafhöhenbemessung"?, in: Jescheck/Lüttger (Hrsg.), Festschrift für Eduard Dreher zum 70. Geburtstag, Berlin, 1977, S. 251–264 (zit.: *Bruns*, FS-Dreher (1977)).

*Bruns*, Hans-Jürgen: Das Recht der Strafzumessung, 2. Auflage, Köln etc., 1985 (zit.: *Bruns*, Das Recht der Strafzumessung (1985)).

*Bruns*, Hans-Jürgen: Über die Unterschreitung der Schuldrahmenuntergrenze aus schuldunabhängigen Strafmilderungsgründen – „Auflockerung" der Spielraumtheorie?, MDR 1987, S. 177 ff.

*Bruns*, Hans-Jürgen/*Güntge*, Georg-Friedrich: Das Recht der Strafzumessung, 3. Auflage, Köln, 2019 (zit.: *Bruns/Güntge*, Strafzumessung (2019)).

*Calliess*, Rolf-Peter: Die Strafzwecke und ihre Funktion, in: Britz/Jung/Koriath/Müller (Hrsg.), Grundfragen staatlichen Strafens. Festschrift für Heinz Müller-Dietz zum 70. Geburtstag, München, 2001, S. 701–715 (zit.: *Calliess*, FS Müller-Dietz (2001)).

*Cirener*, Gabriele/*Radtke*, Henning/*Rissing-van Saan*, Ruth/*Rönnau*, Thomas/*Schlucke-bier*, Wilhelm: Strafgesetzbuch Leipziger Kommentar, Band 4, 13. Aufl., Berlin, 2020 (zit.: LK-StGB/*Bearbeiter*).

*Coors*, Manfred: Die Generalprävention als Strafzumessungserwägung bei Trunkenheitsdelikten im Straßenverkehr, Hamburg, 1963 (zit.: *Coors*, Generalprävention als Strafzumessungserwägung (1963)).

*Curti*, Henning: Abschreckung durch Strafe. Eine ökonomische Analyse der Kriminalität, Wiesbaden, 1999.

*Dahm*, Georg: Gemeinschaft und Strafrecht, Hamburg, 1935.

*Dallinger*, Wilhelm: Aus der Rechtsprechung des Bundesgerichtshofs in Strafsachen, MDR 1976, S. 14 ff.

*Dölling*, Dieter: Generalprävention durch Strafrecht: Realität oder Illusion?, ZStW 102 (1990), S. 1–20 (zit.: *Dölling*, ZStW 102 (1990)).

*Dölling*, Dieter: Zur spezialpräventiven Aufgabe des Strafrechts, in: Dölling (Hrsg.), Jus humanum: Grundlagen des Rechts und Strafrecht. Festschrift für Ernst-Joachim Lampe zum 70. Geburtstag, Berlin, 2003, S. 597–609 (zit.: *Dölling*, FS-Lampe (2003)).

*Dölling*, Dieter: Strafe, in: Kube/Mellinghoff/Morgenthaler/Palm/Puhl/Seiler (Hrsg.), Leitgedanken des Rechts. Paul Kirchhof zum 70. Geburtstag, Band II, Heidelberg, 2013 (zit.: *Dölling*, Strafe (2013)).

*Dölling*, Dieter/*Entorf*, Horst/*Herrmann*, Hermann/*Häring*, Armado/*Rupp*, Thomas/ *Woll*, Andreas: Zur generalpräventiven Abschreckungswirkung des Strafrechts: Befunde einer Metaanalyse, Soziale Probleme 17 (2), 2006, S. 193 ff.

*Dreher*, Eduard: Anmerkung zum Urteil des KG 2. StS v. 13.11.69 – (2) Ss 265/69 (91/ 69), JR 1970, S. 227 ff.

*Dreher*, Eduard: Die Verwarnung mit Strafvorbehalt, in: Schroeder/Zipf (Hrsg.), Festschrift für Reinhard Maurach zum 70. Geburtstag, Karlsruhe, 1972, S. 275 ff.

*Dreher*, Eduard: Über Strafrahmen, in: Frisch/Schmid (Hrsg.), Festschrift für Hans-Jürgen Bruns zum 70. Geburtstag, Köln, 1978, S. 141 ff. (zit.: *Dreher*, FS-Bruns (1978)).

*Drenkhahn*, Kirstin: Resozialisierung und Strafrechtsreform, in: Rotsch/Brüning/ Schady (Hrsg.), Strafrecht – Jugendstrafrecht – Kriminalprävention in der Praxis. Festschrift für Heribert Ostendorf zum 70. Geburtstag am 7. Dezember 2015, Baden-Baden, 2015 (zit.: *Drenkhahn*, FS-Ostendorf (2015)).

*Dubber*, Markus Dirk: Positive Generalprävention und Rechtsgutstheorie: Zwei zentrale Errungenschaften der deutschen Strafrechtswissenschaft aus amerikanischer Sicht, ZStW 117 (2005), 485 ff.

Duden: Synonymwörterbuch: ein Wörterbuch sinnverwandter Wörter, 6. Aufl., Berlin, 2014.

*Dworkin*, Ronald: Die Grenzen des Lebens: Abtreibung, Euthanasie und persönliche Freiheit, Hamburg, 1994.

*Eickhoff*, Rudolf: Das Verhältnis von Fahrerlaubnisentziehung und kurzfristiger Freiheitsstrafe, NJW 1971, 272 ff.

*Eisele*, Jörg: Die Regelbeispielmethode im Strafrecht, Tübingen, 2004.

*Eisenberg*, Ulrich/*Kölbel*, Ralf: Kriminologie, 7. Aufl., Tübingen, 2017.

*Entorf*, Horst/*Spengler*, Hannes: Die generalpräventive Wirkung erwarteter Strafe, MschKrim 2005, S. 313 ff.

*Eser*, Albin/*Perron*, Walter/*Steinberg-Lieben*, Detlev/*Eisele*, Jörg/*Bosch*, Nikolaus/*Hecker*, Bernd/*Kinzig*, Jörg/*Schuster*, Frank/*Weißer*, Bettina/*Schittenhelm*, Ulrike: Schönke/Schröder, Kommentar zum Strafgesetzbuch, 30. Auflage, München, 2019 (zit.: *Bearbeiter*, in: Schönke/Schröder).

*Fenn*, Rudolf: Kriminalprognose bei jungen Straffälligen, in: Kury (Hrsg.), Prognose und Behandlung bei jungen Rechtsbrechern, Freiburg, 1986 (zit.: *Fenn*, Kriminalprognose bei jungen Straffälligen (1986)).

*Feuerbach*, Anselm Paul Johann: Anti-Hobbes oder über die Grenzen höchster Gewalt und das Zwangsrecht der Bürger gegen den Oberherrn, Erstes Bändchen, Erfurt, 1797 (zit.: *Feuerbach*, Anti-Hobbes).

*Feuerbach*, Anselm Paul Johann: Lehrbuch des gemeinen in Deutschland geltenden peinlichen Rechts, in: Mittermaier (Hrsg.), 14. Aufl., Gießen, 1847 (1. Aufl., 1801) (zit.: *Feuerbach*, Lehrbuch des gemeinen in Deutschland geltenden peinlichen Rechts (1801)).

*Feuerbach*, Anselm Paul Johann: Bibliographischer Nachlass, in: L. Feuerbach (Hrsg.), Leipzig, 1853 (zit.: *Feuerbach*, Bibliographischer Nachlass (1853)).

*Fischer*, Thomas: Strafgesetzbuch mit Nebengesetzen, 68. Aufl., München, 2021.

*Foth*, Eberhard: Bemerkungen zur Generalprävention, NStZ 1990, S. 219–221 (zit.: *Foth*, NStZ 1990).

*Friedrichs*, Karl: Die Diskussionsbeiträge der Strafrechtslehrertagung 1967 in Münster, ZStW 80 (1968), S. 199–135 (zit.: *Friedrichs*, ZStW 80 (1968)).

*Frisch*, Wolfgang: Gegenwärtiger Stand und Zukunftsperspektiven in der Strafrechtsdogmatik, Teil I, ZStW 99 (1987), S. 349–388 (zit.: *Frisch*, ZStW 99 (1987)).

*Frisch*, Wolfgang: Individualprävention und Strafbemessung: Zur unterschiedlichen Angewiesenheit strafrechtlicher Normprogramme auf empirische Befunde, in: Albrecht/Dünkel/Kerner/Kürzinger/Schöch/Sessar/Villmow (Hrsg.), Festschrift für Günther Kaiser zum 70. Geburtstag, Erster Band, Berlin, 1988.

*Frisch*, Wolfgang: Defizite empirischen Wissens und ihre Bewältigung im Strafrecht, in: Bloy/Böse/Hillenkamp/Momsen/Rackow (Hrsg.), Gerechte Strafe und legitimes Strafrecht. Festschrift für Manfred Maiwald zum 75. Geburtstag, Berlin, 2010, S. 239–260 (zit.: *Frisch*, FS-Maiwald (2010)).

*Frisch*, Wolfgang: Strafe, Straftat und Straftatsystem im Wandel GA 2015, S. 65–85 (zit.: *Frisch*, GA 2015).

*Frisch*, Wolfgang: Straftheorie, Verbrechensbegriff und Straftatsystem im Umbruch, GA 2019, 185 (zit.: *Frisch*, GA 2019, 185).

*Frisch*, Wolfgang/*Bergmann*, Matthias: Zur Methode über die Entscheidung über den Strafrahmen, JZ 1990, S. 944 ff.

*Frister*, Helmut: Strafrecht Allgemeiner Teil, 9. Aufl., München, 2020 (zit.: *Frister*, Strafrecht AT (2020)).

*Gallas*, Wilhelm: Kriminalpolitik und Strafrechtssystematik unter besonderer Berücksichtigung des sowjetrussischen Rechts, in: Goldschmidt/Kohlrausch (Hrsg.), Abhandlungen des kriminalistischen Instituts an der Universität Berlin, Vierte Folge, Zweiter Band, Erstes Heft, Berlin und Leipzig, 1931 (zit.: *Gallas*, Kriminalpolitik und Strafrechtssystematik (1931)).

*Gallas*, Wilhelm: Der dogmatische Teil des Alternativ-Entwurfs, ZStW 80 (1968), S. 1 ff.

*Gerhold*, Sönke: Der unbenannte minder schwere Fall im Strafrecht und seine Bedeutung für die Strafzumessung, ZJS 2009, S. 260 ff.

*Giannoulis*, Georgios: Studien zur Strafzumessung, Tübingen, 2014 (zit.: *Giannoulis*, Studien zur Strafzumessung (2014)).

*Giehring*, Heinz: Ungleichheiten in der Strafzumessungspraxis und die Strafzumessungslehre – Versuch einer Analyse aus Sicht eines Strafrechtswissenschaftlers, in: Pfeiffer/Oswald (Hrsg.), Strafzumessung. Empirische Forschung und Strafrechtsdogmatik im Dialog, Stuttgart, 1989, S. 77–125 (zit.: *Giehring*, Ungleichheiten in der Strafzumessungspraxis (1989)).

*Gieske*, Wiltrud: Lebenslanges Lernen und Emotionen: Wirkungen auf Emotionen auf Bildungsprozesse aus beziehungstheoretischer Perspektive, 3. Aufl., Bielefeld, 2016 (zit.: *Gieske*, Lebenslanges Lernen (2016)).

*Göppinger*, Hans: Strafe und Verbrechen, Tübingen, 1965 (zit.: *Göppinger*, Strafe und Verbrechen (1965)).

*Göppinger*, Hans: Kriminologie, 6. Aufl., München, 2008.

*Gräfe*, Jenny: Sinn und System des Absehens von Strafe, Hamburg, 2012 (zit.: *Gräfe*, Sinn und System des Absehens von Strafe).

*Graßberger*, Roland: Die Strafe, ÖJZ 1961, S. 169 ff.

*Greco*, Luis: Lebendiges und Totes in Feuerbachs Straftheorie, Berlin, 2009 (zit.: *Greco*, Feuerbach (2009)).

*Grünwald*, Gerald: Offene Fragen im System der Hauptstrafen, in: Grünwald/Miehe/ Rudolphi/Schreiber (Hrsg.), Festschrift für Friedrich Schaffstein zum 70. Geburtstag, Göttingen, 1975, S. 219 ff.

*Güntge*, Georg-Friedrich: Die Spielraumtheorie – Dominanz einer „unwissenschaftlichen" Strafzumessungslehre?, ZIS 2018, S. 384–387 (zit.: *Güntge*, ZIS 2018).

*Günther*, Hans-Ludwig: Systematische Grundlagen der Strafzumessung – eine Bestandsaufnahme, JZ 1989, S. 1025 ff.

*Haag*, Karl: Rationale Strafzumessung – Ein entscheidungstheoretisches Modell der strafrichterlichen Entscheidung, Köln u. a., 1970 (zit.: *Haag*, Rationale Strafzumessung (1970)).

*Haas*, Volker: Strafbegriff, Staatsverständnis und Prozesstruktur, Tübingen, 2008.

*Haffke*, Bernhard: Gibt es ein verfassungsrechtliches Besserungsverbot?, MschKrim 1975, S. 246–261.

*Haffke*, Bernhard: Tiefenpsychologie und Generalprävention, Frankfurt a. M., 1976 (zit.: *Haffke*, Tiefenpsychologie und Generalprävention (1976)).

*Hardwig*, Werner: Tat- und Täterstrafrecht im Licht der Strafrechtsreform, MschKrim 1959, S. 1–23.

*Hart-Hönig*, Kai: Gerechte und zweckmäßige Strafzumessung – Zugleich ein Beitrag zur Theorie positiver Generalprävention, Berlin, 1992 (zit.: *Hart-Hönig*, Gerechte und zweckmäßige Strafzumessung (1992)).

*Hassemer*, Winfried: Generalprävention und Strafzumessung, in: Hassemer/Lüderssen/ Naucke (Hrsg.), Hauptprobleme der Generalprävention, Frankfurt a. M., 1979, S. 29– 53 (zit.: *Hassemer*, Generalprävention (1979)).

*Hassemer*, Winfried: Das „Absehen von Strafe" als kriminalpolitisches Instrument, in: Hamm (Hrsg.), Festschrift für Werner Sarstedt zum 70. Geburtstag, Berlin, 1981, S. 65.

*Hassemer*, Winfried: Einführung in die Grundlagen des Strafrechts, 1. Aufl., München, 1981.

*Hassemer*, Winfried: Über die Berücksichtigung von Folgen bei der Auslegung der Strafgesetze, in: Horn (Hrsg.), Europäisches Rechtsdenken in Geschichte und Gegenwart – Festschrift für Helmut Coing zum 70. Geburtstag, Band I, München, 1982, S. 493–524 (zit.: *Hassemer*, FS-Coing (1982)).

*Hassemer*, Winfried: Strafziele im sozialwissenschaftlich orientierten Strafrecht, in: Hassemer/Lüderssen/Naucke (Hrsg.), Fortschritte im Strafrecht durch die Sozialwissenschaften?, Heidelberg, 1983, S. 39 ff. (zit.: *Hassemer*, Strafziele).

*Hassemer*, Winfried: Darf der strafende Staat Verurteilte bessern wollen?, in: Prittwitz/ Baurmann/Günther/Kuhlen/Merkel/Nestler/Schulz (Hrsg.), Festschrift für Klaus Lüderssen zum 70. Geburtstag am 2. Mai 2002, 1. Aufl., Baden-Baden, 2002, S. 221–240 (zit.: *Hassemer*, FS-Lüderssen (2002)).

*Hassemer*, Winfried: Strafrecht, Prävention, Vergeltung, in: Hoyer/Müller/Pawlik/Wolter (Hrsg.), Festschrift für Friedrich Christian Schroeder zum 70. Geburtstag, Heidelberg, 2006, S. 51–65 (zit.: *Hassemer*, FS-Schroeder (2006)).

*Hegel*, Georg Wilhelm Friedrich: Grundlinien der Philosophie des Rechts, Berlin, 1821.

*Heinitz*, Ernst: Der Entwurf des Allgemeinen Teils des Strafgesetzbuches vom kriminalpolitischen Standpunkt aus, ZStW 70 (1953), S. 1–40 (zit.: *Heinitz*, ZStW 70 (1953)).

*Henke*, Eduard: Ueber den gegenwärtigen Stand der Criminalwissenschaft, Landshut, 1810.

*Henkel*, Heinrich: Die „richtige" Strafe, Tübingen, 1969.

*Hepp*, Carl Theodor: Kritische Darstellung der Strafrechts-Theorien, Heidelberg, 1829 (zit.: *Hepp*, Kritische Darstellung (1829)).

*Hettinger*, Michael: Das Doppelverwertungsverbot bei strafrahmenbildenden Umständen, Berlin, 1982.

*Höbbel*, Dieter: Bewährung des statistischen Prognoseverfahrens im Jugendstrafrecht, Göttingen, 1968.

*Hoerster*, Norbert: Zur Generalprävention als dem Zweck staatlichen Strafens, GA 1970, S. 272 ff.

*Höfer*, Klaus: Verhaltensprognose bei jugendlichen Gefangenen, München, 1977.

*Horn*, Eckhard: Die strafrechtlichen Sanktionen, München, 1975 (zit.: *Horn*, Sanktionen).

*Horn*, Eckhard: Wider die „doppelspurige" Strafhöhenzumessung, in: Grünwald/Miehe/ Rudolphi/Schreiber (Hrsg.), Festschrift für Friedrich Schaffstein zum 70. Geburtstag, Göttingen, 1975, S. 241 ff.

*Horn*, Eckhard: Zum Stellenwert der „Stellenwerttheorie", in: Frisch/Schmid (Hrsg.), Festschrift für Hans-Jürgen Bruns zum 70. Geburtstag, Köln, 1978, S. 165 ff. (zit.: *Horn*, FS-Bruns (1978)).

*Horn*, Eckhard: Ist die Verwarnung mit Strafvorbehalt noch zu retten?, NJW 1980, S. 106 ff.

*Horn*, Eckhard: Gesamtwürdigung – Sinn und Unsinn eines Rechtsbegriffs, in: Dornseifer/Horn/Schilling/Schöne/Struensee/Zielinski, Gedächnisschrift für Armin Kaufmann, Köln, 1989, S. 573 ff. (zit.: *Horn*, GS-Kaufmann (1989)).

*Hörnle*, Tatjana: Das antiquierte Schuldverständnis der traditionellen Strafzumessungsrechtsprechung und Lehre, JZ 1999, S. 1080 ff.

*Hörnle*, Tatjana: Tatproportionale Strafzumessung, Berlin, 1999.

*Hörnle*, Tatjana: Strafzumessung im Lichte des Grundgesetzes, in: Schumann (Hrsg.), Das strafende Gesetz im sozialen Rechtsstaat, Berlin, 2010, 3. Schuldgrundsatz und Prävention, 115–118 (zit.: *Hörnle*, Strafzumessung im Lichte des Grundgesetzes (2010)).

*Hörnle*, Tatjana: Straftheorien, 2. Aufl., Tübingen, 2017 (zit.: *Hörnle*, Straftheorien (2017)).

*Hörnle*, Tajana/*Hirsch*, Andrew von: Positive Generalprävention und Tadel, GA 1995, S. 261–282 (zit.: *Hörnle/von Hirsch*, GA 1995).

*Horstkotte*, Hartmuth: Der Allgemeine Teil des Strafgesetzbuches nach dem 1. September 1969, NJW 1969, S. 1601 ff.

*Horstkotte*, Hartmuth: Die Vorschriften des Ersten Gesetzes zur Reform des Strafrechts über die Strafbemessung, JZ 1970, S. 122 ff.

*Hoyer*, Andreas: Strafrecht Allgemeiner Teil I, JA Studienskript, Berlin, 1996 (zit.: *Hoyer*, Strafrecht AT I (1996)).

*Hoyer*, Andreas: Eine Wiedervereinigung von Strafen und Maßregeln, in: Rotsch/Brüning/Schady (Hrsg.), Strafrecht – Jugendstrafrecht – Kriminalprävention in der Praxis. Festschrift für Heribert Ostendorf zum 70. Geburtstag am 7. Dezember 2015, 1. Aufl., Baden-Baden, 2015, S. 435 ff. (zit.: *Hoyer*, FS-Ostendorf (2015)).

*Hoyer*, Andreas: Plädoyer für die Rekonstruktion eines einspurigen Sanktionensystems, in: Rotsch (Hrsg.), 1. Aufl. 2018, Zehn Jahre ZIS, S. 427–436 (zit.: *Hoyer*, Plädoyer).

*Huber*, Michael: Prognoseentscheidungen im Strafrecht aus der Sicht des Richters, in: Frisch/Vogt (Hrsg.), Prognoseentscheidungen in der strafrechtlichen Praxis, Baden-Baden, 1994.

*Jäger*, Herbert: Irrationale Kriminalpolitik, in: Albrecht/Ehlers/Lamott/Pfeiffer/Schwind/Walter, Festschrift für Horst Schüler-Springorum zum 65. Geburtstag, Köln (u. a.), 1993, S. 229 f.

*Jahn*, Matthias/*Schmitt-Leonardy*, Charlotte: Reintegration durch Strafe?, in: Safferling/Kett-Straub/Jäger/Kudlich (Hrsg.), Festschrift für Franz Streng zum 70. Geburtstag, 1. Aufl., Heidelberg, 2017 (zit.: *Jahn/Schmitt-Leonardy*, FS-Streng (2017)).

*Jakobs*, Günther: Schuld und Prävention, Tübingen, 1976.

*Jakobs*, Günther: Strafrecht Allgemeiner Teil – Die Grundlagen und die Zurechnungslehre, 2. Auflage, Berlin, 1991 (zit.: *Jakobs*, Strafrecht AT (1991)).

*Jakobs*, Günther: Das Strafrecht zwischen Funktionalismus und „alteuropäischem" Prinzipiendenken. Oder: Verabschiedung des „alteuropäischen" Strafrechts?, ZStW 103 (1995), S. 843–876.

*Jakobs*, Günther: Terroristen als Person im Recht?, ZStW 117 (2005), S. 839–851.

*Jakobs*, Günther: Feindstrafrecht? Eine Untersuchung zu den Bedingungen von Rechtlichkeit, HRRS 2006, S. 289–297.

*Jellinek*, Georg: Die sozialethische Bedeutung von Recht, Unrecht und Strafe, 2. Auflage, Berlin, 1908 (zit.: *Jellinek*, Die sozialethische Bedeutung von Recht, Unrecht und Strafe (1908)).

*Jescheck*, Hans-Heinrich: Die Rechtsprechung des Bundesgerichtshofs in Strafsachen, Goltdammer's Archiv 1959, S. 65 ff.

*Jescheck*, Hans-Heinrich/*Weigend*, Thomas: Lehrbuch des Strafrechts, Allgemeiner Teil, 5. Aufl., Berlin, 1996.

*Joecks*, Wolfgang/*Miebach*, Klaus: Münchener Kommentar zum StGB, Band II, 4. Auflage, München, 2020 (zit.: Müko-StGB/*Bearbeiter*).

*Kahneman*, Daniel: Schnelles Denken, Langsames Denken, 21. Auflage, München, 2014.

*Kahnemann*, Daniel/*Tversky*, Amos: Prospect Theory: An Analysis of Decision under Risk, Econometrica, Vol. 47, No. 2 (1979), S. 363 ff.

*Kaiser*, Günther: Verkehrsdelinquenz und Generalprävention, Tübingen, 1970.

*Kaiser*, Günther: Antrag auf Einrichtung eines DFG-Schwerpunkts, MschKrim 60 (1977), S. 41–50 (zit.: *Kaiser*, MschrKrim 60 (1977)).

*Kaiser*, Günther: Was wissen wir von der Strafe?, in: Kaufmann/Bemmann/Krauss/Volk (Hrsg.), Festschrift für Paul Bockelmann zum 70. Geburtstag, München, 1979, S. 923 ff. (zit.: *Kaiser*, FS-Bockelmann (1979)).

*Kaiser*, Günther: Kriminologie. Eine Einführung in die Grundlagen, 10. Aufl., Heidelberg, 1997.

*Kaiser*, Günther: Kriminologie. Ein Lehrbuch, 3. Aufl., Heidelberg, 1997 (zit.: *Kaiser*, Kriminologie (1997)).

*Kaiser*, Günther/*Schöch*, Heinz/*Kinzig*, Jörg: Kriminologie, Jugendstrafrecht, Strafvollzug, 8. Aufl., München, 2015 (zit.: *Bearbeiter*, Kriminologie (2015)).

*Kalous*, Angela: Positive Generalprävention durch Vergeltung, Regensburg, 2000 (zit.: *Kalous*, Generalprävention (2000)).

*Kant*, Immanuel: Metaphysik der Sitten, Band 8, in: Weischedel (Hrsg.), Frankfurt a. M., 1977, Erstausgabe: Königsberg, 1797.

*Kargl*, Walter: Rechtsgüterschutz durch Rechtsschutz: Über den begrenzten Zusammenhang von Rechtsgütern, Schaden und Strafe, in: Institut für Kriminalwissenschaften Frankfurt a. M. (Hrsg.), Vom unmöglichen Zustand des Strafrechts, Frankfurt a. M., 1995, S. 53 ff.

*Kargl*, Walter: Strafrecht – Einführung in die Grundlagen von Gesetz und Gesetzlichkeit, 1. Aufl., Baden-Baden, 2019 (zit.: *Kargl*, Strafrecht (2019)).

*Kaspar*, Johannes: Gerechtes oder zweckmäßiges Strafen? Überlegungen zur Relevanz kriminologischer Erkenntnisse in der straftheoretischen Diskussion, in: Koch/Möllers/Rossi (Hrsg.), Gerechtigkeitsfragen in Gesellschaft und Wirtschaft, 1. Aufl., Baden-Baden, 2013 (zit.: *Kaspar*, Gerechtes oder zweckmäßiges Strafen? (2013)).

*Kaspar*, Johannes: Schuldstrafrecht oder Präventionsstrafrecht?, in: Brunhöber (Hrsg.), Strafrecht im Präventionsstaat, 1. Aufl., Stuttgart, 2014 (zit.: *Kaspar*, Schuldstrafrecht (2014)).

*Kaspar*, Johannes: Verhältnismäßigkeit und Grundrechtsschutz im Präventionsstrafrecht, Baden-Baden, 2014 (zit.: *Kaspar*, Verhältnismäßigkeit (2014)).

*Kaspar*, Johannes: Verfassungsrechtliche Aspekte einer empirisch fundierten Theorie der Generalprävention, in: Höffler/Kaspar/Kinzig/Kölbel (Hrsg.), Strafen „im Namen des Volkes": Zur rechtlichen und kriminalpolitischen Relevanz empirisch feststellbarer Strafbedürfnisse der Bevölkerung, Baden-Baden, 2019, S. 61 ff.

*Kaufmann*, Arthur: Recht und Sittlichkeit, Tübingen, 1964.

*Kaufmann*, Arthur: Das Schuldprinzip, Heidelberg, 1976.

*Killias*, Martin/*Villettaz*, Patrice: Rückfall nach Freiheits- und Alternativstrafen: Lehren aus einer systematischen Literaturübersicht, in: Lösel/Bender/Jehle (Hrsg.), Kriminologie und wissensbasierte Kriminalpolitik. Entwicklungs- und Evaluationsforschung, Mönchengladbach, 2007, S. 207 ff. (zit.: *Killias/Villettaz*, Rückfall (2007)).

*Kindhäuser*, Urs: Zur Anwendbarkeit der Regeln des Allgemeinen Teils auf den besonders schweren Fall des Diebstahls, in: Schmoller (Hrsg.), Festschrift für Otto Triffterer zum 65. Geburtstag, Wien, 1996, S. 123 ff. (zit.: *Kindhäuser*, FS-Triffterer (1996)).

*Kindhäuser*, Urs/*Neumann*, Ulfrid/*Paeffgen*, Hans-Ulrich: Nomos Kommentar zum Strafgesetzbuch, 5. Auflage, Baden-Baden, 2017 (zit.: NK-StGB/*Bearbeiter*).

*Kirkpatrick*, Keith: It's not the algorithm, it's the data, Communications of the ACM, Volume 60, Issue 2, 2017, S. 21–23 (zit.: *Kirkpatrick*, Communications of the ACM 2017).

*Klahr*, Fabian: Schuld und Strafmaß, Berlin, 2022.

*Klee*, Karl: Zur Lehre vom strafrechlichen Vorsatz, Breslau, 1897.

*Koch*, Hans-Jörg: Die „Verteidigung der Rechtsordnung" bei Verkehrsvergehen, NJW 1970, S. 842 ff.

*Köhler*, Michael: Über den Zusammenhang von Strafrechtsbegründung und Strafzumessung, Heidelberg, 1983 (zit.: *Köhler*, Strafzumessung (1983)).

*Koller*, Peter: Probleme der utilitaristischen Strafrechtfertigung, ZStW 91 (1979), 67 ff.

*Koppernock*, Martin: Das Grundrecht auf bioethische Selbstbestimmung, Baden-Baden, 1997.

*Kühl*, Kristian: Die Bedeutung der Rechtsphilosophie für das Strafrecht, Baden-Baden, 2001.

*Kury*, Helmut: Zum Stand der Behandlungsforschung oder: Vom nothing works zum something works, in: Bock/Feuerhelm/Schwind (Hrsg.), Festschrift für Alexander Böhm zum 70. Geburtstag am 14. Juni 1999, Berlin, 1999 (zit.: *Kury*, FS-Böhm (1999)).

*Lackner*, Karl: Strafrechtsreform und Praxis der Strafrechtspflege, JR 1970, S. 1 ff.

*Lackner*, Karl: Über neue Entwicklungen in der Strafzumessungslehre und ihre Bedeutung für die richterliche Praxis, Heidelberg, 1978 (zit.: *Lackner*, Über neue Entwicklungen in der Strafzumessungslehre (1978)).

*Lackner*, Karl/*Kühl*, Kristian/*Heger*, Martin: Kommentar zum Strafgesetzbuch, 29. Aufl., Tübingen/Berlin, 2018 (zit.: *Bearbeiter*, in: Lacker/Kühl).

*Lange*, Richard: Kohlrausch-Lange Strafgesetzbuch mit Erläuterungen und Nebengesetzen, 43. Aufl., Berlin, 1961 (zit.: *Lange*, Strafgesetzbuch (1961)).

*Laubenthal*, Klaus/*Nestler*, Nina/*Neubacher*, Frank/*Verrel*, Torsten: Strafvollzugsgesetze, 12. Aufl., München, 2015 (zit.: *Bearbeiter*, Strafvollzugsgesetze).

*Lenckner*, Theodor: Die kurze Freiheitsstrafe nach den Strafrechtsreformgesetzen, Juristische Analysen, 1971, S. 319 ff.

*Leyendecker*, Natalie Andrea: (Re-)Sozialisierung und Verfassungsrecht, Berlin, 2002 (zit.: *Leyendecker*, (Re-)Sozialisierung (2002)).

*Liszt*, Franz von: Der Zweckgedanke im Strafrecht, ZStW 3 (1883), S. 1 ff.

*Liszt*, Franz von: Strafrechtliche Aufsätze und Vorträge, Band 1, Berlin, 1905.

*Lösel*, Friedrich: Ist der Behandlungsgedanke gescheitert? Eine empirische Bestandsaufnahme, ZfStrVO 1996, S. 259 ff.

*Lüderssen*, Klaus: Abschaffen des Strafens?, Frankfurt a. M., 1995 (zit.: *Lüderssen*, Abschaffen des Strafens? (1995)).

*Lüderssen*, Klaus: Resozialisierung und Menschenwürde, Kritische Justiz, 1997, S. 179–186 (zit.: *Lüderssen*, KJ 1997).

*Lüderssen*, Klaus: Resozialisierung, Tat und Schuld, Bonn, 2015 (zit.: *Lüderssen*, Resozialisierung).

*Maiwald*, Manfred: Die Verteidigung der Rechtsordnung – Analyse eines Begriffs, GA 1983, 49 ff.

*Marquardt*, Helmut: Dogmatische und Kriminologische Aspekte des Vikariierens von Strafe und Maßregel, Kiel, 1970.

*Martinson*, Robert: What works? – Questions and answers about prison reform, The Public Interest 35 (1979), S. 22 ff.

*Mathiesen*, Thomas: Gefängnislogik, Bielefeld, 1989.

*Maurach*, Reinhard/*Gössel*, Karl Heinz/*Zipf*, Heinz/*Dölling*, Dieter/*Laue*, Christian/ *Renzikowski*, Joachim: Strafrecht Allgemeiner Teil, Teilband 2, 8. Aufl., Heidelberg u. a., 2014 (zit.: *Bearbeiter*, in: Maurach/Gössel/Zipf, Strafrecht AT (2014)).

*Maurer*, Matthias: Komparative Strafzumessung, Berlin, 2005.

*Meier*, Bernd-Dieter: Licht ins Dunkel: Die richterliche Strafzumessung, JuS 2005, S. 769 ff.

*Meier*, Bernd-Dieter: What works? – Die Ergebnisse der neueren Sanktionsforschung aus kriminologischer Sicht, JZ 2010, S. 112–120 (zit.: *Meier*, JZ 2010).

*Meier*, Bernd-Dieter: Strafrechtliche Sanktionen, 4. Auflage, Heidelberg, 2015 (zit.: *Meier*, Sanktionen (2015)).

*Meier*, Bernd-Dieter: Kriminologie, 6. Aufl., München, 2021.

*Mezger*, Edmund: Die Straftat als Ganzes, ZStW 57 (1938), S. 275–701 (zit.: *Mezger*, ZStW 57 (1938)).

*Monahan*, John: The Clinical Prediction of Violent Behavior, in: U.S. Department of Health and Human Services (Hrsg.), Rockville, Maryland, 1981.

*Montandon*, C.: Actualités bibliographiques: La dangerosité. Revue de la littérature anglosaxonne, Déviance et Société 3 (1979), 89–104.

*Montesquieu*, Charles de Secondat, Baron de: Vom Geist der Gesetze, 1721, in: Forsthoff (Hrsg.), Tübingen, 1951 (zit.: *Montesquieu*, Vom Geist der Gesetze (1721)).

*Müller-Dietz*, Heinz: Wie ist beim Mord die präventive Wirkung der lebenslangen Freiheitsstrafe einzuschätzen?, in: Jescheck/Triffterer (Hrsg.), Ist die lebenslange Freiheitsstrafe verfassungswidrig?, Baden-Baden, 1978, S. 91–113 (zit.: *Müller-Dietz*, Präventive Wirkung lebenslanger Freiheitsstrafe (1978)).

*Müller-Dietz*, Heinz: Probleme der Strafzumessung – Sanktionsauswahl, Bemessung, Prognose, in: Wadle (Hrsg.), Recht und Gesetz im Dialog, Köln, 1982, S. 43 ff. (zit.: *Müller-Dietz*, Probleme der Strafzumessung (1982)).

*Müller-Dietz*, Heinz: Integrationsprävention und Strafrecht. Zum positiven Aspekt der Generalprävention, in: Vogler (Hrsg.), Festschrift für Hans-Heinrich Jescheck zum 70. Geburtstag, Zweiter Halbband, Berlin, 1985, S. 813–828 (zit.: *Müller-Dietz*, FS-Jescheck (1985)).

*Müller-Dietz*, Heinz: Prävention durch Strafrecht: Generalpräventive Wirkungen, in: Jehle (Hrsg.), Kriminalprävention und Strafjustiz, Wiesbaden, 1996, S. 227 ff.

*Müller-Steinhauer*, Sandra: Autonomie und Besserung im Strafvollzug, Münster, 2001 (zit.: *Müller-Steinhauer*, Autonomie und Besserung im Strafvollzug (2001)).

*Mrozynski*, Peter: Aussetzung des Strafrests und Resozialisierung, JR 1983, S. 133 ff.

*Nagler*, Johannes: Die Strafe – eine juristisch-empirische Untersuchung – Erste Hälfte, Leipzig, 1918 (zit.: *Nagler*, Die Strafe (1918)).

*Naucke*, Wolfgang: „Verteidigung der Rechtsordnung" (§§ 14, 23 StGB). Kritik an der Entstehung und Handhabung eines strafrechtlichen Begriffs, Berlin, 1971 (zit.: *Naucke*, Verteidigung der Rechtsordnung (1971)).

*Naucke*, Wolfgang: Tendenzen in der Strafrechtsentwicklung, Karlsruhe, 1975 (zit.: *Naucke*, Tendenzen in der Strafrechtsentwicklung (1975)).

*Naucke*, Wolfgang: Generalprävention und Grundrechte der Person, in: Hassemer/Lüderssen/Naucke (Hrsg.), Hauptprobleme der Generalprävention, Frankfurt a. M., 1979, S. 7–28 (zit.: *Naucke*, Generalprävention und Grundrechte der Person (1979)).

*Nedopil*, Norbert/*Müller*, Leo: Forensische Psychiatrie: Klinik, Begutachtung zwischen Psychiatrie und Recht, 5. Aufl., Stuttgart, 2017.

*Neumann*, Ulfrid: Institution, Zweck und Funktion staatlicher Strafe, in: Zaczyk (Hrsg.), Festschrift für Günther Jakobs zum 70. Geburtstag am 26. Juli 2007, Köln, 2007, S. 435–450 (zit.: *Neumann*, FS-Jakobs (2007)).

*Neumann*, Ulfrid/*Schroth*, Ulrich: Neuere Theorien von Kriminalität und Strafe, Darmstadt, 1980 (zit.: *Neumann/Schroth*, Neuere Theorien (1980)).

*Neumayer-Wagner*, Eva-Maria: Die Verwarnung mit Strafvorbehalt: Ihre Entstehung, gegenwärtige rechtliche Gestaltung, praktische Handhabung und ihr Entwicklungspotential, Berlin, 1998.

*Neuß*, Frank: Der Strafzweck der Generalprävention im Verhältnis zur Menschenwürde, Aachen, 2001 (zit.: *Neuß*, Generalprävention im Verhältnis zur Würde des Menschen (2001)).

*Nowakowski*, Friedrich: Freiheit, Schuld, Vergeltung, in: Hoheleitner/Lindner/Nowakowski (Hrsg.), Festschrift für Theodor Rittler, Aalen, 1957 (zit.: *Nowakowski*, FS-Rittler (1957)).

*Ofterdinger*, Hannah: Strafzumessung durch Algorithmen?, ZIS 2020, S. 404 ff.

*Ostendorf*, Heribert: Die hölzernen Strafzwecke – kein Raum für „emanzipative Resozialisierung", in: Beulke/Lüderssen/Popp/Wittig (Hrsg.), Das Dilemma des rechtsstaatlichen Strafrechts. Symposium für Bernhard Haffke zum 65. Gebutrtstag 28./ 29. März 2009, Universität Passau, Berlin, 2009, S. 61–78 (zit.: *Ostendorf*, Die hölzernen Strafzwecke (2009)).

*Ostendorf*, Heribert: Das Jugendstrafrecht als Vorreiter für die Verknüpfung von Zurechnung und Prävention: Für ein einheitliches Maß bei Strafen und Maßregeln, StV 2014, S. 766–772.

*Pawlik*, Michael: Person, Subjekt, Bürger. Zur Legitimation von Strafe, Berlin, 2004.

*Peters*, Karl: Grundprobleme der Kriminalpädagogik, Berlin, 1960 (zit.: *Peters*, Grundprobleme der Kriminalpädagogik (1960)).

*Prittwitz*, Cornelius: Strafrecht und Risiko: Untersuchungen zur Krise von Strafrecht und Kriminalpolitik in der Risikogesellschaft, Frankfurt a. M., 1993.

*Rabl*, Rupert: Strafzumessungspraxis und Kriminalitätsbewegung, in: Exner (Hrsg.), Kriminalistische Abhandlungen, Heft 25, Leipzig, 1936 (zit.: *Rabl*, Strafzumessungspraxis und Kriminalitätsbewegung (1936)).

*Ramsbrock*, Annelie: Geschlossene Gesellschaft. Das Gefängnis als Sozialversuch – eine bundesdeutsche Geschichte, Frankfurt a. M., 2020 (zit.: *Ramsbrock*, Geschlossene Gesellschaft (2020)).

*Rasch*, Wilfried: Verhaltenswissenschaftliche Kriminalprognosen, in: Frisch/Vogt (Hrsg.), Prognoseentscheidungen in der strafrechtlichen Praxis, Baden-Baden, 1994 (zit.: *Rasch*, Verhaltenswissenschaftliche Kriminalprognosen).

*Rettenberger*, Martin/*Eher*, Reinhard: Potentielle Fehlerquellen bei der Erstellung von Kriminalprognosen, die gutachterliche Kompetenzillusion und mögliche Lösungsansätze für eine bessere Prognosepraxis, Recht und Psychatrie, 2016, S. 50 ff.

*Röder*, Karl David August: Zur Rechtsbegründung der Besserungsstrafe, Heidelberg, 1846.

*Röder*, Karl David August: Zur Verständigung über das Verhältnis der Einzelhaft zur Strafgesetzgebung, NArchCrimR, 1850, S. 412 ff.

*Roxin*, Claus: Literaturbericht zum 43. Deutschen Juristentag, ZStW 77 (1965), S. 60–105 (zit.: *Roxin*, ZStW 77 (1965)).

*Roxin*, Claus: Sinn und Grenzen staatlicher Strafe, JuS 1966, S. 377–386.

*Roxin*, Claus: Strafzumessung im Lichte der Strafzwecke, in: Walder/Trechsel (Hrsg.), Lebendiges Strafrecht: Festgabe zum 65. Geburtstag von Hans Schultz, Bern, 1977, S. 463–481 (zit.: *Roxin*, FS-Schultz (1977)).

*Roxin*, Claus: Prävention und Strafzumessung, in: Frisch/Schmid (Hrsg.), Festschrift für Hans-Jürgen Bruns zum 70. Geburtstag, Köln, 1978, S. 183–204 (zit.: *Roxin*, FS-Bruns (1978)).

*Roxin*, Claus: Zur jüngsten Diskussion über Schuld, Prävention und Verantwortlichkeit im Strafrecht, in: Kaufmann/Bemmann/Krauss/Volk (Hrsg.), Festschrift für Paul Bockelmann zum 70. Geburtstag, München, 1979, S. 279–309 (zit.: *Roxin*, FS-Bockelmann (1979)).

*Roxin*, Claus: Zur Problematik des Schuldstrafrechts, ZStW 96 (1984), S. 641 ff.

*Roxin*, Claus: Wandlungen der Strafzwecklehre, in: Britz/Jung/Koriath/Müller (Hrsg.), Grundfragen staatlichen Strafens. Festschrift für Heinz Müller-Dietz zum 70. Geburtstag, 1. Aufl., München, 2001, S. 701–715 (zit.: *Roxin*, FS-Müller-Dietz (2001)).

*Roxin*, Claus: Prävention, Tadel und Verantwortung, GA 2015, S. 183–202.

*Roxin*, Claus/*Greco*, Luis: Strafrecht Allgemeiner Teil, Band I, 5. Aufl., 2020 (zit.: *Roxin/Greco*, Strafrecht AT I (2020)).

*Rudolphi*, Hans-Joachim/*Horn*, Eckhard/*Samson*, Erich: Systematischer Kommentar zum Strafgesetzbuch, Loseblatt-Ausgabe, Band 1, 7./8. Aufl., Frankfurt a. M., 1994 (zit.: *Bearbeiter*, in: SK-StGB, Aufl., § Rn.).

*Sauer*, Wilhelm: Kriminalitätssoziologie, Berlin/Leipzig, 1933 (zit.: *Sauer*, Kriminalitätssoziologie (1933)).

*Schäfer*, Gerhard/*Sander*, Günther/*Van Gemmeren*, Gerhard: Praxis der Strafzumessung, 6. Auflage, München, 2017 (zit.: *Schäfer/Sander/Van Gemmeren*, Strafzumessung (2017)).

*Schaffstein*, Friedrich: Spielraum-Theorie, Schuldbegriff und Strafzumessung nach den Strafrechtsreformgesetzen, in: Schmidt/Wolff/Leferenz/Welp/Lackner (Hrsg.), Festschrift für Wilhelm Gallas zum 70. Geburtstag am 22. Juli 1973, Berlin, 1973, S. 99 ff.

*Schaffstein*, Friedrich: Kriminologie und Strafrechtskommentare, in: Bruns/Roxin/Jäger (Hrsg.), Grundfragen der gesamten Strafrechtswissenschaft: Festschrift für Heinrich Henkel zum 70. Geburtstag, Berlin, 1974.

*Schmidhäuser*, Eberhard: Über Strafe und Generalprävention, in: Zaczyk/Köhler/Kahlo (Hrsg.), Festschrift für E. A. Wolff zum 70. Geburtstag am 1.10.1998, Heidelberg, 1988, S. 443–458 (zit.: *Schmidhäuser*, FS-Wolff (1998)).

*Schmidt*, Eberhard: Vergeltung, Sühne und Spezialprävention, ZStW 67 (1955), S. 177–195 (zit.: *Schmidt*, ZStW 67 (1955)).

*Schmidtchen*, Dieter: Prävention und Menschenwürde, in: Dölling (Hrsg.), Jus humanum: Grundlagen des Rechts und Strafrecht. Festschrift für Ernst-Joachim Lampe zum 70. Geburtstag, Berlin, 2003, S. 245–274 (zit.: *Schmidtchen*, FS-Lampe (2003)).

*Schneider*, Hendrik: Grundlagen der Kriminalprognose: Eine Rekonstruktion der Probleme von Zuverlässigkeit und Gültigkeit unter Rückgriff auf Alfred Schütz, Berlin, 1996 (zit.: *Schneider*, Grundlagen der Kriminalprognose (1996)).

*Schneider*, Hendrik: Kann die Einübung der Normanerkennung die Strafrechtsdogmatik leiten? Eine Kritik des strafrechtlichen Funktionalismus, Berlin, 2004 (zit.: *Schneider*, Normanerkennung (2004)).

*Schnelle*, Karl: Die Funktion generalpräventiver Gesichtspunkte bei der Strafzumessung, Göttingen, 1977.

*Schöch*, Heinz: Strafzumessung und Verkehrsdelinquenz, Tübingen, 1973.

*Schöch*, Heinz: Grundlage und Wirkung der Strafe, in: Grünwald/Miehe/Rudolphi/Schreiber (Hrsg.), Festschrift für Friedrich Schaffstein zum 70. Geburtstag, Göttingen, 1975, S. 255 ff. (zit.: *Schöch*, FS-Schaffstein (1975)).

*Schöch*, Heinz: Empirische Grundlagen der Generalprävention, in: Vogler (Hrsg.), Festschrift für Hans-Heinrich Jescheck zum 70. Geburtstag, Erster Halbband, Berlin, 1985, S. 1081–1105 (zit.: *Schöch*, FS-Jescheck (1985)).

*Schöch*, Heinz: Verwarnung statt Strafe: Zum Aufblühen der Verwarnung mit Strafvorbehalt nach § 59 StGB, in: Arzt/Fezer/Weber/Schlüchter/Rössner (Hrsg.), Festschrift für Jürgen Baumann zum 70. Geburtstag, Bielefeld, 1992, S. 255 ff.

*Schöch*, Heinz: Schuldfähigkeitsbeurteilung und strafrechtliche Sanktionen bei psychisch Gestörten, in: Dudeck/Kaspar/Lindemann (Hrsg.), Verantwortung und Zurechnung im Spiegel von Strafrecht und Psychiatrie, Baden-Baden, 2014 (zit.: *Schöch*, Strafrechtliche Sanktionen).

*Schreiber*, Hans-Ludwig: Strafzumessungsrecht, NStZ 1981, 338 ff.

*Schreiber*, Hans-Ludwig: Widersprüche und Brüche in heutigen Strafkonzeptionen, ZStW 94 (1982), S. 278 ff.

*Schröder*, Horst: Zur Verteidigung der Rechtsordnung, JZ 1971, 241 ff.

*Schüler-Springorum*, Horst: Die Jugendkriminalrechtspflege im Lichte der kriminologischen Forschung, MschKrim 1969, S. 1 ff.

*Schumann*, Karl: Prognosen in der strafgerichtlichen Praxis und deren empirische Grundlagen, in: Frisch/Vogt (Hrsg.), Prognoseentscheidungen in der strafrechtlichen Praxis, Baden-Baden, 1994.

*Schumann*, Karl: Wenn der Papiertiger faucht – oder: Klappt Abschreckung durch Strafrecht?, KrimJ 1996, S. 293 ff.

*Schünemann*, Bernd: Die Funktion des Schuldprinzips im Präventionsstrafrecht, in: Schünemann (Hrsg.), Grundfragen des modernen Strafrechtssystems, Berlin, 1984, S. 1 ff. (zit.: *Schünemann*, Die Funktion des Schuldprinzips im Präventionsstrafrecht (1984)).

*Schünemann*, Bernd: Die deutschsprachige Strafrechtswissenschaft nach der Strafrechtsreform im Spiegel des Leipziger Kommentars und des Wiener Kommentars, GA 1986, S. 293 ff.

*Schünemann*, Bernd: Plädoyer für eine neue Theorie der Strafzumessung, in: Eser/Cornils (Hrsg.), Neuere Tendenzen in der Kriminalpolitik, Freiburg, 1987, S. 209 ff. (zit.: *Schünemann*, Plädoyer für eine neue Theorie der Strafzumessung (1987)).

*Schwalm*, Georg: Schuld und Schuldfähigkeit im Licht der Strafrechtsreformgesetze vom 25.6. und 4.7.1969, des Grundgesetzes und der Rechtsprechung des Bundesverfassungsgerichts, JZ 1970, S. 487 ff.

*Seelmann*, Kurt: Risikostrafrecht: Die „Risikogesellschaft" und ihre „symbolische Gesetzgebung" im Umwelt- und Betäubungsmittelstrafrecht, KritV 1992, 452 ff.

*Smaus*, Gerlinda: Das Strafrecht und die Kriminalität in der Alltagssprache der Bevölkerung, Opladen, 1985 (zit.: *Smaus*, Strafrecht und Kriminalität in der Alltagssprache (1985)).

*Spendel*, Günther: Zur Lehre vom Strafmass, Frankfurt a. M., 1954 (zit.: *Spendel*, Strafmass (1954)).

*Spieß*, Gerhard: Wie bewährt sich die Strafaussetzung? Strafaussetzung zur Bewährung und Fragen der prognostischen Beurteilung bei jungen Straftätern, MschrKrim 1981, S. 298 ff.

*Spieß*, Gerhard: Kriminalprognose, in: Kaiser/Kerner/Sack/Schellhoss (Hrsg.), Kleines Kriminologisches Wörterbuch, 3. Aufl., Heidelberg, 1993, S. 286 ff.

*Spirgath*, Tobias: Zur Abschreckungswirkung des Strafrechts – eine Metaanalyse kriminalistischer Untersuchungen, Berlin, 2013.

*Stadtland*, Cornelis/*Nedopil*, Norbert: Vergleichende Anwendung heutiger Prognoseinstrumente zur Vorhersage krimineller Rückfälle bei psychiatrisch begutachteten Probanden, MschKrim 2004, S. 77–85.

*Stojanovic*, Zoran: Das präventiv orientierte Strafrecht: Möglichkeiten und Grenzen, in: Heger/Kelker/Schramm (Hrsg.), Festschrift für Kristian Kühl zum 70. Geburtstag, München, 2014 (zit.: *Stojanovic*, FS-Kühl (2014)).

*Stratenwerth*, Günter: Tatschuld und Strafzumessung, Tübingen, 1972 (zit.: *Stratenwerth*, Tatschuld und Strafzumessung (1972)).

*Stratenwerth*, Günter: Strafrecht und Sozialtherapie, in: Kaufmann/Bemmann/Krauss/ Volk (Hrsg.), Festschrift für Paul Bockelmann zum 70. Geburtstag, München, 1979, S. 903–921 (zit.: *Stratenwerth*, FS-Bockelmann (1979)).

*Stratenwerth*, Günter: Was leistet die Lehre von den Strafzwecken?, 1. Aufl., Berlin, 2018 (zit.: *Stratenwerth*, Was leistet die Lehre von den Strafzwecken? (2018)).

*Stree*, Walter: Deliktsfolgen und Grundgesetz, Tübingen, 1960 (zit.: *Stree*, Deliktsfolgen (1960)).

*Stree*, Walter: In dubio pro reo, Tübingen, 1962 (zit.: *Stree*, In dubio pro reo (1962)).

*Streng*, Franz: Strafzumessung und relative Gerechtigkeit, Heidelberg, 1984.

*Streng*, Franz: Praktikabilität und Legitimität der „Spielraumtheorie" – Perspektiven einer Strafzumessungstheorie angesichts neuer Befunde und Entwicklungen, in: Britz/ Jung/Koriath/Müller (Hrsg.), Grundfragen staatlichen Strafens. Festschrift für Heinz Müller-Dietz zum 70. Geburtstag, 1. Aufl., München, 2001, S. 875–903 (zit.: *Streng*, FS-Müller-Dietz (2001)).

*Streng*, Franz: Strafrechtliche Sanktionen, 3. Auflage, Stuttgart, 2012 (zit.: *Streng*, Sanktionen (2012)).

*Sturm*, Richard: Die Strafrechtsreform, JZ 1970, S. 81 ff.

*Suhling*, Stefan/*Rehder*, Ulrich: Zur Validität des Prognoseinstruments „Rückfallrisiko bei Sexualstraftätern", FPPK 2012, S. 17–24.

*Tomforde*, Kirstin: Die Zulässigkeit einer Unterschreitung der schuldangemessenen Strafe aus präventiven Gesichtspunkten, Baden-Baden, 1999 (zit.: *Tomforde*, Unterschreitung der schuldangemessenen Strafe (1999)).

*Walter*, Tonio: Die Vergeltungsidee als Grenze des Strafrechts JZ 2019, 649 (zit.: *Walter*, JZ 2019).

*Warda*, Günther: Dogmatische Grundlagen des richterlichen Ermessens im Strafrecht, Köln, 1962.

*Weigend*, Thomas: „Neoklassizismus" – Ein transatlantisches Missverständnis, ZStW 91 (1982), S. 801–814 (zit.: *Weigend*, ZStW 94 (1982)).

*Weigend*, Thomas: Resozialisierung – die gute Seite der Strafe?, in: Radtke/Müller/ Britz/Koriath/Müller-Dietz (Hrsg.), Muss Strafe sein? Kolloqium zum 60. Geburtstag von Herrn Professor Dr. Dr. h.c. Heike Jung, 1. Aufl., Baden-Baden, 2004, S. 181–193 (zit.: *Weigend*, Resozialisierung (2004)).

*Winghofer*, Isabel: Die Berücksichtigung der Strafzwecke bei der Strafzumessung unter Auflösung ihrer Antinomien am Beispiel des Haustyrannenfalls, Hamburg, 2020.

*Woesner*, Horst: Die Menschenrechtskonvention in der deutschen Strafrechtspraxis, NJW 1961, 1381–1385.

*Wolter*, Jürgen: Systematischer Kommentar zum Strafgesetzbuch, Band II, 9. Aufl., Köln, 2016 (zit.: *Bearbeiter*, in: SK-StGB).

*Zipf*, Heinz: Die Geldstrafe in ihrer Funktion zur Eindämmung der kurzen Freiheitsstrafe, Berlin, 1966 (zit.: *Zipf*, Geldstrafe).

*Zipf*, Heinz: Die Strafmaßrevision, München, 1969 (zit.: *Zipf*, Strafmaßrevision (1969)).

*Zipf*, Heinz: Die Strafzumessung, Heidelberg, 1977.

*Zipf*, Heinz: Die „Verteidigung der Rechtsordnung", in: Frisch/Schmid (Hrsg.), Festschrift für Hans-Jürgen Bruns zum 70. Geburtstag, Köln, 1978, S. 205 ff. (zit.: *Zipf*, FS-Bruns (1978)).

# Stichwortverzeichnis